Ror Wolf
Raoul Tranchirers
Taschenkosmos

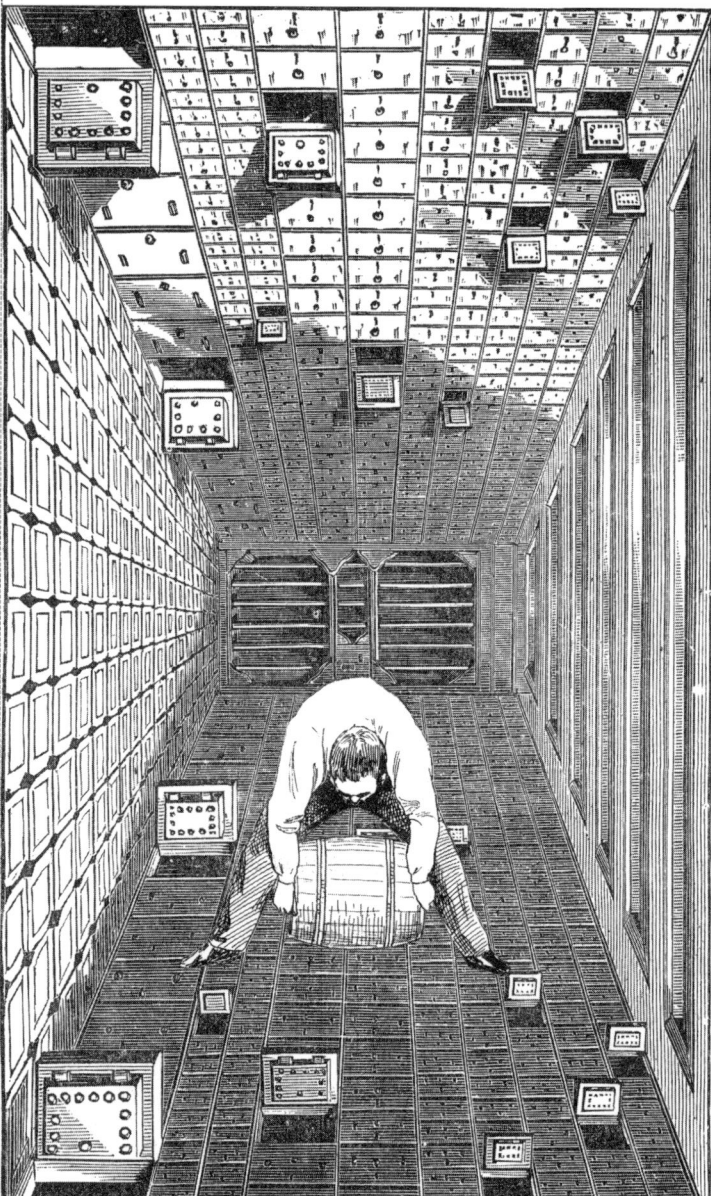

Ror Wolf
Raoul Tranchirers
Taschenkosmos

Zusammengestellt und mit einem Nachwort
herausgegeben von Günter Kämpf

Verlag Klaus Wagenbach   Berlin

Für diese Zusammenstellung – siehe das Nachwort von Günter Kämpf –
hat der Autor 24 Collagen beigesteuert.

Wagenbachs Taschenbuch 525
Originalausgabe
1. Auflage im Oktober 2005

Mit freundlicher Genehmigung:
© 2005 Anabas-Verlag, Frankfurt am Main
© 2005 für diese Ausgabe:
Verlag Klaus Wagenbach, Emser Straße 40/41, 10719 Berlin
Umschlaggestaltung: Julie August unter Verwendung einer Collage
des Autors Ror Wolf. Autorenphoto © Mathias Michaelis. Reihenkonzept: Rainer Groothuis. Das Karnickel auf Seite 1 zeichnete Horst
Rudolph. Gesetzt aus den Schriften Scala und American-Typewriter.
Gedruckt und gebunden bei Pustet, Regensburg.
Printed in Germany. Alle Rechte vorbehalten

ISBN-10: 3 8031 2525 1   ISBN-13: 978 3 8031 2525 5

A

Das A ist ein apfelartiger Ton, bei dessen Hervorbringung die Lippen frei und weit geöffnet sind, während die Zunge in eine flache Stellung niedergedrückt wird. Besonders häufig ist das A in dem Wort Aal. Gelegentlich neigt es sich leicht hinüber zu anderen Tönen, die weitaus klangloser sind und uns momentan wenig beschäftigen. Neuere wissenschaftliche Untersuchungen haben gezeigt, daß das A inzwischen in andere Worte eingedrungen ist, in Bären und Käfer zum Beispiel, über die wir an anderer Stelle nachdenken werden.

Aal

Der Aal lebt in Flüssen. Man tötet ihn durch einen Schlag auf den Kopf, legt ihn in eine Brühe und kann ihm die Haut abziehen. Warum, das weiß keiner. Und so soll es auch bleiben.

Amerika

Hier soll nicht von der enormen Ausdehnung dieses Kontinents, von seiner Fruchtbarkeit und den unterschiedlichen Landschaftsbildern die Rede sein. Ich werde vielmehr von einem der einfachen Bewohner des Landes sprechen, von einem Mann aus dem östlichen Teil von Massachusetts. Mit den Worten: *etwas hat mich gestochen* trat eines Tages in Amerika, im Osten von Massachusetts, ein Mann in ein Gasthaus und sank zu Boden. Nachdem man die Worte: *etwas hat mich gestochen* verstanden hatte, legte man ihn auf den Schanktisch. Nach seinem Tod sagte man, daß eines Tages in Amerika ein Mann in ein Gasthaus gekommen sei und gesagt habe: *etwas hat mich gestochen*. Darauf sei er zu Boden gesunken im Osten von Massachusetts. Erschöpft von der Gartenarbeit nahm ein anderer Mann in Amerika, in Wyoming, einen Schluck aus der offenen Flasche. Kurz darauf sank er zu Boden. *Ich muß ein*

Tier verschluckt haben, flüsterte er, bevor er erstickte. Ganz anders, aber ebenfalls in Amerika, verlief der dritte Fall. Ein Mann, der sich auf einer kleinen Ferienreise befand, wollte eines Nachts in Begleitung seiner Frau nach Hause zurückkehren. In der Nähe der Flußmündung wurde er von einem riesigen aus der Tiefe auftauchenden Alligator von hinten gepackt, aus dem Boot gerissen und unter Wasser gezogen. Das geschah so still und so schnell, daß die Frau, die im vorderen Teil des Fahrzeuges saß und sich umsah, von ihrem sinkenden Mann nichts weiter sah als den erhobenen Arm. Das war auch in Amerika, in Miami. Klomm behauptet, daß sich der vierte Fall ebenfalls in Amerika abgespielt habe, und zwar in Montana.

Bei einem Betriebsfest in O hatte ein Dekorateur eine Frau kennengelernt, eine Witwe aus K. Als der Abend kam, brachen die beiden gemeinsam auf. Es war Winter, es war weiß und glatt und der Schnee fiel ganz leicht und die Witwe war plötzlich zu Boden gefallen und der Dekorateur war schwer auf die Witwe gefallen, alles weich, alles warm, alles kalt. Als die beiden auf der Erde lagen, in der nagelnden Kälte, ergab es sich, daß sie sich entkleideten und zu lieben begannen. Später, als die Witwe vom Mondschein beleuchtet wurde, sah der Dekorateur, daß sie viel älter war, als er vermutet hatte. Deshalb stand er auf und ging fort und ließ sie liegen im kalten Schnee von Montana. Ein Wanderer fand am nächsten Morgen die gefrorene Leiche. Klomm, wie gesagt, behauptet, das sei in Montana gewesen, in Nord-Amerika. Aber Klomm weiß nicht viel von Amerika. Übrigens ist fast alles, was bis jetzt über den Fall geschrieben wurde, rein hypothetisch, es beruht nicht einmal auf Beobachtungen, sondern ledglich auf Vermutungen. Der Prozeß wird in Salzburg fortgesetzt.

Angezogenheit

Der Kunstmaler Schröder, eigentlich ein Maler des Nackten, führt uns auf dieser Seite zwei bekleidete Damen vor und liefert zugleich den Beleg dafür, daß die Angezogenheit etwas durchaus Schamloses haben kann, etwas Raffiniertes, Verrauchtes, Dünstendes, Lockeres, kurz: etwas ganz absichtlich Unverschämtes. – Nachlässig ruhen die beiden Körper, hart und kalt hingestreckt, dem absoluten Nichtstun ergeben, mit dem Dampf der Zigarette sich die Zeit verkürzend, auf dem Sofa, bis ein neues Abenteuer ihre Untätigkeit unterbricht. Wir bedauern, unseren Lesern nicht die Wirklichkeit des Bildes, sondern ausschließlich seine Beschreibung nahebringen zu können, aber es liegt, wie so manches, an den herrschenden Zuständen und an der Auffassung vom guten Geschmack. Wir wollen die gegen den Inhalt des Bildes sprechenden Bedenken mit einem Hinweis auf Wobsers Worte zerstreuen. *Die ganze lebende Welt*, sagt Wobser, *ist ein Beweis für die Geschmacklosigkeit.*

Ansichtskarte

Erwähnung des guten Reisewetters mit mehreren Worten, aber auch Beschreibung der durch die vergangenen Niederschläge entstandenen Besorgnisse. Schilderung der Reiseruhe. Angabe der Gründe, die uns bewogen haben, gerade an diesem Tag zu verreisen. Aufzählung der Menschen, die uns freundlich begegnen. Hinweise auf besondere Unfälle, etwa Eisenbahnunfälle, die sich ereignet haben. Bemerkungen über die Überschwemmung, an der wir vorüberfahren. Hoffnungen auf schöne Ansichten und Eindrücke. Dank für empfangene Beweise von Wohlwollen. Hoffnung auf Wiederkehr. Wünsche und Empfehlungen. Mit freundlichen Grüßen Ihr

Anziehen

Dieses Wort bezieht sich auf die Bedeckung eines Teiles des Körpers mit einem Kleidungsstück. Das sogenannte Ankleiden bezeichnet dagegen das Anlegen der ganzen Kleidung, die Bedeckung des ganzen Körpers. Der Satz: *Die Witwe zieht einen Strumpf an*, gibt beispielsweise keine Auskunft darüber, ob sie außer diesem Strumpf noch ein anderes Bekleidungsstück trägt. Dagegen besagt der Satz: *Die Witwe kleidet sich an*, sie bekleidet den ganzen Körper. Niemand kann sagen, was danach passiert.

Apfelschwindel, amerikanischer

Die Früchte des Apfelbaumes, von dem es über 1400 verschiedene Arten gibt, werden oft in die Fremde geschickt. In letzter Zeit gelangen zum Beispiel ungeheure Mengen amerikanischer Äpfel zur Einfuhr, mit denen die deutschen Äpfel hinsichtlich des Aussehens und Preises in keiner Weise konkurrieren können. Da die deutschen jedoch an Geschmack und Aroma weit überlegen sind, lohnt es sich, die amerikanischen Äpfel zu übersehen. Man nennt diesen Fall den amerikanischen Apfelschwindel. Er betrifft übrigens nicht nur die Äpfel, sondern vor allem Amerika, ein Land, das vielleicht wirklich nur in der Phantasie der Reisenden existiert. Wir sollten uns überlegen, Amerika für einen Apfel zu halten. Jedenfalls sollten wir, wenn Amerika so fürchterlich schmeckt wie die amerikanischen Äpfel, nicht hineinbeißen.

Atmen

Überall, auf dem ganzen Erdball, umgibt uns Luft. Von Anfang bis Ende atmen wir Luft ein. Ohne Luft könnten wir nicht leben, deshalb ist reine und gute Luft die oberste und vornehmste Lebensbedingung. Der Mensch kann, wie der Hungerkünstler Tanner bewiesen hat, tage-, ja wochenlang ohne Nahrung leben, er kann stundenlang auf Getränke verzichten, aber die Luft kann er nicht eine Minute entbehren, ohne sein Leben auf das Ernstlichste zu gefährden. Wir leben in einem Luftmeer. Der Mensch ist nichts mehr und nichts weniger als ein Luftgeschöpf. Der Mund, die Nase, die Hautoberfläche sind die Organe unseres äußeren Körpers, durch die wir einatmen und ausatmen. Die Hartnäckigkeit, mit der sich das Publikum der Lufterneuerung widersetzt, ist deshalb bedrückend. Würde jemand sich wohl entschließen, etwas schon einmal Genossenes noch einmal zu essen? Etwas Ähnliches geschieht aber, wenn man sich in ausgeatmeter Luft aufhält, ohne sie zu erneuern.

Aussehen

Niemand sollte einem anderen gestatten, ihm zu sagen, er sähe nicht gut aus. Man sollte sich weigern, derartige Bemerkungen anzuhören. Stattdessen sollte man sich davon überzeugen, wie schlecht der andere aussieht, wie geradezu kränklich, leidend, dahinsiechend, schwärzlich und zum Umfallen geneigt. Es sollte ein Gesetz geben, das es strafbar macht, derartige ungesunde Gedanken auf das Gehirn des Nebenmenschen zu übertragen. Die Hälfte derer, die sterben, werden mit solchen Worten ermordet. Wissenschaftlich und über alle Zweifel hinaus ist bewiesen worden, daß ein völlig gesunder Mann krank gemacht werden kann, wenn ihm gesagt wird, er sei krank und sehe auch so aus. Ich will einen solchen Fall, dessen Wahrheit vollkommen bestätigt ist, schildern: alle Vorbereitungen wurden getroffen, ohne daß das Opfer eine Ahnung davon hatte. Herr O, der Gegenstand des Versuches, war ein Geschäftsmann. Eines Morgens ging er in sein Büro. Er fühlte sich wohl. Ein kleines Stück vor seinem Haus begegnete ihm ein alter Freund, der ihn fragte, ob er krank sei, er sehe nicht gut aus. Herr O lachte über diese Frage und war augenscheinlich amüsiert. Etwas später begegnete ihm ein anderer Freund, der über sein Aussehen ganz betroffen schien und ihn ernsthaft fragte, was mit ihm los sei, er sehe aus wie jemand, der im Begriff sei, krank zu werden. Solche und ähnliche Bemerkungen wurden mit steigender Besorgnis von verschiedenen Freunden wiederholt, ehe er sein Büro erreichte. Als er schließlich dort ankam, fühlte er sich etwas unwohl, eine Art Magenschmerz, auch etwas Schläfrigkeit überkam ihn. Im Laufe des Morgens kamen etliche Personen in sein Büro und alle hatten etwas über sein Aussehen zu sagen. Mittags fühlte sich O sehr krank, aß nichts, übergab sich stattdessen und fühlte sich fiebrig; Zahnschmerz und Nackenschmerz traten auf, Ohrenschmerz, Halsschmerz, und ehe es Abend wurde, war er daheim und im Bett. Im Laufe des Abends erschienen viele Besucher, die vorgaben, von seiner Krankheit gehört zu haben, und sich erkundigen wollten, wie es ihm ginge, er sähe schlecht, tatsächlich aber noch schlechter, nämlich ganz fürchterlich aus, sie machten Bemerkungen über die Bleichheit und Eingefallenheit, über die Gefährlichkeit seines Zustandes und zweifelten an seiner Besserung. Innerhalb von nur 24 Stunden stand Herr O, der ein Bild der Gesundheit gewesen war, an der Schwelle des Grabes. Am Morgen lag er in schlimmer Verfassung vor seinem Bett. Danach teilte man ihm den Zweck dieses Scherzes mit. Seine vollständige Gesundheit erlangte O niemals wieder. Er schlich so dahin, eines Tages fand man ihn tot in seinem Büro. Dieses Vorkommnis erwähne ich nur als Beweis für die Wirkung der Worte.

Autor

Obwohl kaum dreißig Jahre vergangen sind, seit der Name des Autors in der Öffentlichkeit aufgetaucht ist, dürfte es heute wenige Leser geben, denen er nicht zu einem vertrauten, zu einem Gegenstand fast ausnahmsloser Hochschätzung geworden ist. Es liegt etwas völlig Ungewöhnliches in der Geschwindigkeit, mit welcher der vor kurzem noch unbekannte Verfasser sich inmitten ungünstiger Weltverhältnisse eine glänzende Stellung in der Literatur der Gegenwart erobert hat. Aber zugleich enthält diese Tatsache etwas Hocherfreuliches, den Beweis, daß es auch jetzt noch dem echten originalen Ratschläger gelingt, einen Zwang auf seine Mitlebenden auszuüben, dem sich selbst die Abneigung unserer Zeit gegen die Wirklichkeit nicht zu entziehen vermag. Wir zögern nicht, den

Autor für einen der bedeutendsten Menschen unserer Zeit zu halten, und glauben, daß ihm eine Nachhaltigkeit innewohnt, die unser Urteil in Zukunft noch überzeugender bekräftigen wird. Seine Anschauungen und Auffassungen, seine Gedankengedichte und sein Stil sind eigenartig reich und überall in jenen Duft getaucht, der die richtigen von den falschen Ratschlägen unterscheidet und selbst den derbsten Realismus emporhebt. Denn bei aller Realität, die uns auf jeder Seite entgegenweht, der ungeschminktesten Wiedergabe der Wirklichkeit, sind seine Artikel derart von einem allerfeinsten Dichtungsäther durchdrungen, daß sie bleibenden Wert behalten werden in der Geschichte des Wirklichkeitswesens. Der Autor hat Schönes geleistet. Möge er sich vor den Abwegen warnen lassen, auf die sein halbasiatischer Nachahmer Klomm geraten ist.

Bahnhofsvorstellungen

In Bezug auf die Bahnhofsvorstellungen ist viel gelogen worden. Es ist ein bedeutender Unterschied, ob wir in Wirklichkeit auf einem Bahnhof stehen, oder ob wir nur in der Vorstellung auf einem Bahnhof stehen und davon sprechen, daß wir wissen, wie es ist, auf einem Bahnhof zu stehen. Fern vom Bahnhof, im Bett liegend, werden wir durch den Rauch belästigt; doch wir wundern uns nicht, denn es ist nur der Rauch der Gedanken, der uns umgibt. Wir blicken rasch ein paar Jahre zurück und finden uns ganz behaglich ausgestreckt auf den Polstern eines Schnellzugabteils. Das Leder knirscht freundlich. Die Aussicht ist nicht besonders, aber sie ist auch nicht schlecht. Hier scheint ohnehin vieles genauso zu sein, wie an anderen Stellen der Welt. Schon am Anfang, wenn wir als aufmerksamer Reisender in die durchblasene Halle treten, umgibt uns das große Geheimnis des Reisens. Was für pikante Zwischenfälle verspricht die Gesellschaft in diesem Abteil, fragen wir uns beim Anblick der lächelnden Damen. Die Reiselust wächst; sie wächst uns über dem Räderrollen zum Munde hinaus, in die Abschiedswehmut hinein, die uns mit Taschentüchern umweht. Die Züge verschwinden und kehren zurück. Da kommen sie schon, verhüllt, aus der Kälte. Das muß uns genügen.

Beine, übergeschlagene

Das Überschlagen der Beine ist gefährlich. Es führt nicht nur, vor allem bei Frauen, deren Knochengerüst weicher ist, zu einer Verkrümmung des Rückgrats, es ist überhaupt für Frauen gefährlich, da man beim Überschlagen dem möglicherweise gegenübersitzenden Mann, gerade im Moment des Überschlagens, die Tiefe seiner unteren dunklen gefährlichen Bereiche für einen Augenblick öffnet.

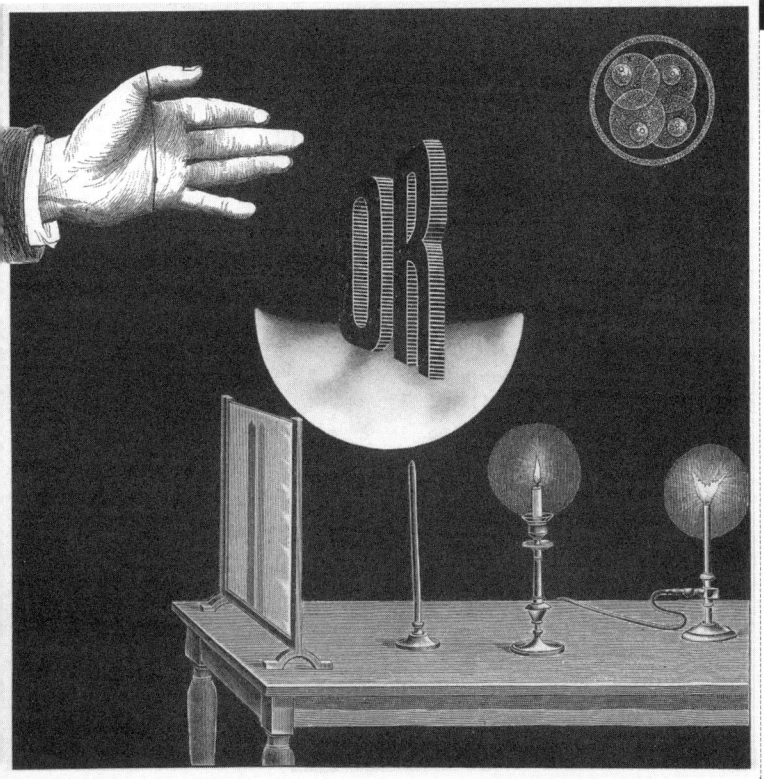

Bergstürze

oder Bergschlüpfe sind insgesamt, und zwar Felsstürze ebenso wie Erdfälle, auf die gleichen Ursachen zurückzuführen und äußern sich gleichermaßen verheerend in ihrer Wirkung. Die Berge werden durch außergewöhnliche Regengüsse erweicht, ein Zusammenbrechen der gelockerten Gebirgsmasse ist in der Folge der Vorgänge nicht zu vermeiden. Unter furchtbarem Donner und Dampf sinken sie brüllend hinab in die Ebenen, die sehenswertesten Täler werden in wenigen Augenblicken verschüttet, die prachtvollsten Waldungen umgerissen und unter Trümmern begraben, die reinlichsten Dörfer zermalmt, die schimmerndsten Seen, die anmutigsten Flüsse werden in größter Geschwindigkeit ausgeleert, und alles wird schnell vom Schlamm in die Ferne gedrückt, in den Hintergrund des Bildes hinein. – Danach geschieht eine Zeitlang nichts Nennenswertes; es wächst und richtet sich auf und schimmert und strahlt in der größten Ruhe und ist sogar noch viel schöner als früher.

Besteigungen

Kürzlich legte ich meine gesammelten Aufsätze alpinistischen Inhalts vor und so manches, was ich jahrzehntelang der Öffentlichkeit vorenthalten habe, wird hier zum ersten Mal ans Licht gezogen. Der vor uns liegende Text versetzt uns also in die Hochgebirgswelt, die neuerdings von den Verehrern des Bergsports in steigendem Maße aufgesucht wird. Wenn in diesem Artikel aber nicht von der Besteigungsgeschichte der Berge und noch weniger von besonders kalten Wintern die Rede ist, dann ist das nicht nur die Folge von besonders kalten Wintern, sondern auch die Folge der von mir beschriebenen Unbeschreiblichkeit der Hochgebirgswelt. Ich werde aus verschiedenen Gründen von einer Darstellung des Bergsteigens absehen und empfehle meinen Lesern, bei Reisen in dieses Gebiet in anderen Büchern nachzulesen. Von fetten Nebeln, von pfeifenden Stürmen und vom stechenden Glanz des Eises erwähne ich nichts, ich spreche auch nicht von den Fesseln des Frostes, in dem alles starr und schweigend in meiner Erinnerung festgefroren ist, und zwar unter einem verhältnismäßig lieblichen Himmel, den ich dem Leser aber nicht schildern werde. Die Ausblicke bieten ohnehin nur Wiederholungen von dem, was der Leser schon kennt und gesehen hat. Es sind die allerhöchsten Punkte der Natur, weiter nichts. Man spürt nämlich recht schnell die zahlreichen kleinen Leiden des Steigens, die Absturzgefahren, vor allem wenn man in ein verwickeltes oder zerbröckelndes Gelände kommt, aber davon erzähle ich nichts. Der Leser sollte in diesem Artikel vor allem die Überzeugung gewinnen, daß er hier keine Spitze besteigt, sondern etwas ganz anderes, Bedeutungsloses, etwas Gewöhnliches. Zum vollen Bewußtsein über die große Gewalt der Berge kommt er ohnehin erst, wenn er wieder in der gewärmten

Stube sitzt, im Schatten, und von den kleinen Ereignissen des Alltagslebens umgeben ist.

Betrachtungen

Je schlaffer und blutarmer die Menschen werden, umso stärker gleichen sie sich alle. Es ist ein bleiches fettes madenhaftes Vorbeischleppen, ein Quellen über die Wanderwege, ein gelatinöses Dahinrinnen, ein stöhnendes plätschriges Herabfließen von den Parkbänken, eine schwere Gedunsenheit, mit der ich meine verehrten Leser, die aus sämtlichen Schichten der Bevölkerung stammen, allein lassen möchte; freilich nicht ohne die Worte Wobsers hinzuzufügen: *Der Mensch ist das Hauptziel aller Betrachtungen.*

Bewegungsleben

Ein Mann, der mit einem Teil seines Körpers nicht zucken, schütteln oder zappeln will, meint es von seinem Standpunkt aus zwar herzlich gut, hat aber trotzdem ganz falsch gedacht und damit gerade das, was er eigentlich vermeiden wollte, erst verursacht: Er zuckt, schüttelt und zappelt; denn wie kann er erwarten, daß sein Geist aus dem Gedankenbild *Zappeln Sie nicht* ohne jedes bewußte Zutun das allein brauchbare Gedankenbild *Halten Sie den Kopf ruhig* hervorzaubern wird? Dennoch sind die meisten Menschen unserer Zeit dem Wahn verfallen, daß Nicht-zittern-Wollen das gleiche bedeutet wie Ruhighalten. – Es gibt eine Menge Menschen, die wollen nicht husten, nicht zwinkern, nicht schmatzen und tun es doch. Da ich damit rechnen muß, daß es meinen Lesern an diesem für sie so wichtigen Punkt noch immer am nötigen Verständnis fehlt, will ich ein weiteres Beispiel geben. Nehmen wir einmal an, ein Leser besucht mich an einem verregneten Tag und ich würde ihm zurufen: *Legen Sie Ihren nassen Schirm nicht auf das Klavier.* Wüßte er dann, wohin er ihn legen sollte? Er wüßte es nicht. Denn ich hätte mit meiner Äußerung ihm nur ein falsches geistiges Vorbild, eine Nichtwollenvorstellung, einen unbrauchbaren Gedanken verschafft. Er würde bewegungslos dastehen und wäre zum wirklichen Handeln nicht fähig.

Blutleben

Man bilde sich ja nicht ein, durch sogenannte Schönheitsmittel, mögen sie nun heißen wie sie wollen, eine schönere Gesichtshaut zu erlangen. Wichtig ist ein gesundes Blutleben. Man weiß, daß eine gewisse Sorte von Menschen, die durch Leidenschaften und Laster aller Art, durch die ihnen das Blut häufiger als anderen Menschen ins Gesicht schießt, meist an hochrotem Gesicht zu leiden haben oder auch an intensiver Gesichtsblässe. Man vermeide Kummer und Sorgen, beherrsche seine dunklen Leidenschaften, bewahre ein heiteres Gemüt an der frischen Luft. Eine tiefe Blässe, eine unheimliche Röte wird sich dann gar nicht erst einstellen. Frauen dürfen sich nicht zu sehr mit aufregenden Liebesgedanken beschäftigen, weil dadurch das erwähnte Blutleben und mit ihm die reizenden Gesichtszüge und Gesichtsfarben weichen und ein mürrisches, später sogar kränkliches Aussehen annehmen. Kommen diese kleinen oder größeren Verunstaltungen etwa von außen angeflogen? Nein, sie entstehen durch die verdorbenen Säfte der Gedanken. Man mag diese Tatsache sehr betrüblich finden, muß sie aber im Interesse der Wahrheit und des praktischen Lebens als Tatsache anerkennen.

Brille

Der Erfinder der Brille ist zweifellos einer der größten Wohltäter der Menschheit gewesen, dennoch hat er noch keinen Biographen gefunden, es herrscht sogar immer noch Ungewißheit, ob es ihn wirklich gegeben hat. Das Bedenkliche dieser Auffassung, die sich übrigens bereits in den Schriften Lemms findet, ist von mir schon an mehreren Stellen hervorgehoben worden.

Brunft

Die Brunft beginnt im September mit einem weichen Verschlußgeräusch, mit einer leicht aus den Lungen hervorgetriebenen Säule, die an die fest verschlossenen Lippen prallt und durch das plötzliche Öffnen in die trockene lautlose Welt hineindringt. Die Brunft beginnt mit dem B. Dem B folgt das R, ein wilder zitternder Laut, der über die Berge rollt und in einen schwarzen entsetzlichen Abgrund stürzt. Dort bricht aus der Tiefe das U heraus, das gewaltige U, der dumpfste aller Vokale, der dadurch entsteht, daß die Zunge nach hinten gezogen und in ihrem hinteren Teil zum Gaumen emporgehoben wird, während die Lippen sich zu einer kleinen netten flaschenhalsartigen Ausflußöffnung runden. Die Brunft beginnt in der Tiefe mit einem großen ruhigen U. Danach kommt das N, bei dem man die Luft zur Nase herausfahren läßt, über die niedergestreckte nackte Natur. Dem N folgt das fette gefährliche F, ein tonloser Reibelaut, bei dem wir die oberen Schneidezähne zart auf die Unterlippe setzen und zwischen beiden die Luft hindurch und hinaustreiben, über die feuchten Fensterbretter, über die Fliesen der Fleischhauereien, der Fischhandlungen, der feinen Friseurgeschäfte, bis zu den fernen fauchenden Farbfabriken. Am Ende wird schließlich das harte gewaltige T hervorgestoßen, wobei sich der vordere Teil der Zunge dem Gaumen nähert, während die Spitze widerwärtig herabhängt. Das ist die Brunft oder, wie Klomm sagt, die Paarungsbereitschaft.

Carumbamba

Carumbamba sind die unter der Erdoberfläche horizontal verlaufenden Wurzeln einer in ganz Brasilien vorkommenden Palme. Sie werden dort zur Herstellung von allgemein beliebten Spazierstöcken benutzt, nachdem man sie durch leichtes Erwärmen gestreckt, geradegezogen und poliert hat. Es handelt sich also um unter der Erde wachsende Spazierstöcke, die unmittelbar nach ihrer Verwendung beim Gehen verzehrt werden.

Chinese

Unser gelber Freund sitzt im Mondlicht und trinkt warmen Reiswein, er trinkt sitzend schwärzlichen Tee und verzehrt seine Ahnen, er heiratet früh und feiert geschmückt das Neujahrsfest, schlüpft rasch in seidene Hosen und züchtet Gemüse in großen Mengen, unter dem weiten Ärmel hat er das Messer zum Werfen, seine Backen sind rot und rund, er sitzt wie aus Porzellan und verzehrt, wie Wobser berichtet, Pflaumen und Pomeranzen, gelbe Schafe, Ziegen und Katzen, wie Wobser berichtet, kleine gemästete Hunde, Hühner und Enten, die schweren Büffel schleppen sich über die Steppe, in den Ebenen splittert es, seidiges Gras rauscht und raschelt, der Chinese sitzt auf dem Boden, freundlich lächelnd, das gelbe Meer liegt im Hintergrund, die gelblichen Berge, er schwitzt nicht, sondern er schnitzt, wie Wobser berichtet, schweigend Speckstein und Elfenbein undsoweiter, im Westen erkennt man Salpeter und Ammoniak, Mango und Mandeln, auf den fetten Feldern wachsen Kartoffeln, an den Hängen Rhabarber und Bambus bis in die schmelzende Ferne, gelbe Monde wandern hinauf und hinunter, der Chinese schaut in die bleiche Wüste hinein, schweigend sitzt er mit gläsernen Nudeln in seiner gelben Umgebung, er schüttelt den Kopf und meint *ja*,

er nickt und meint *nein*, die Buckel der gelben Kamele schwanken im Mondschein, die Borke der Stämme wird rissig und Moos wächst Moos Moos wächst und Flechten wachsen, die große Mauer zieht sich dahin, schwer und dick, der Mann mit der gelben Haut lacht schlau auf, wie Wobser behauptet, sein Fleisch hängt von oben hinab in die Tiefe. Lemm ist der erste, der diesen Angaben widerspricht, seine Beschreibungen sind aber für uns vollständig unverwendbar.

Damenbesuche

Die drei hellfleischfarbenen Damen, die mich im April besuchten und die ich in einem anderen Artikel bereits erwähnt habe, machten sich augenblicklich mit meinem kleinen, schlecht beleuchteten Zimmer vertraut, das ich damals in einem Dachstock in Basel bewohnte. Ich konnte gleich nach der Ankunft bemerken, daß sie in ihrem Wesen sehr verschieden waren. Die eine zeigte sich mürrisch, verdrießlich und stumpf, die zweite sehr furchtsam, die dritte aber war vom ersten Moment an freundlich und aufgeschlossen. Die eine fand ein Glas mit Saft, die zweite öffnete eine Tür und verschwand, die dritte aber wurde so zutraulich, daß sie, bevor der Tag vorüber war, mir ins Gesicht sah und zu lachen begann, sie lachte und wurde so dreist, daß sie ihre vorschnelle Zunge in alle Teile meines Mundes steckte, zwischen Kinnlade und Wange, unter die Zunge und so weiter. Selbst wenn sie gewaltsam vertrieben wurde, kehrte sie immer wieder in dieses Zimmer zurück und setzte sich in den Sessel, wo sie die Beine derart geschickt übereinanderfaltete, daß ich von Erstaunen und Neugier überwältigt wurde. Ich konnte diese dritte Dame innerhalb weniger Tage an ihrem Lachen erkennen, sie lachte auch nachts, es war furchtbar. Nachdem sie sich an mein Zimmer gewöhnt hatte, zeigte sie eine Lebhaftigkeit ohnegleichen, nahm die verschiedensten Stellungen ein, drehte sich auch im Sitzen hin und her, so daß ihr Haar in der Beleuchtung wundervoll schimmerte und alles das geschah so rasch und unvermutet, daß meine Augen ihren Bewegungen oft nicht folgen konnten.

Damenschuhe

Das Gebiet des Geschmacks ist weit und dunkel. Mir fällt das fast täglich auf. Ich sah bei einem der furchtbaren Feste des Forschers Pantz einen Mann, dem eine besondere Bildung nachgesagt wurde, sich unter der prächtig gedeckten Tafel an Damen zu schaffen machen; er war, während sich die Gesellschaft den dampfenden Speisen hingab, unter den Tisch gekrochen und biß in die spitzen Damenschuhe, zart und mit höchstem Genuß, wie er sagte. Als er wieder hervorkam, klagte er allerdings über Kopfschmerz und einen Mangel an Lebenslust. Dieser Mann vertraute mir an, daß er, wenn er das harte Klappern von Damenschuhen höre, sofort erigiere; weibliche Schritte ließen ihn heftig erbeben; mit Damenschuhen gefüllte Schaufenster versetzten ihn in Ekstase, beim Anblick nägeleinschlagender Schuster ejakuliere er unverzüglich. Später traf ich ihn wieder. Er gerate inzwischen, erklärte er mir, in allerhöchstes Entzücken, nur wenn der Schuster vom Nägeleinschlagen spreche, schon diese Worte, die Schusterworte, Schnallen, Ösen, Senkel, vor allem Absätze, vor allem das Wort Absätze, versetze ihn in unbeschreibliche Erregung. Nachts schneide er seinen Cousinen in wilden Träumen die Schuhe ab, oder er stelle sich vor, wie seine Nachbarin ihre Schuhe mit äußerster Langsamkeit aufschnüre und schließlich vom Fuß ziehe. Noch stärker sei seine Reaktion, wenn er einer Schuhverkäuferin begegne, und er habe längst das Gefühl, als sei jede in seinem Leben vorbeigehende Dame eine Schuhverkäuferin. Er hielt das für ganz natürlich. Schuhkartons, Leisten, Schnürsenkel, alles verursache größte Verliebtheit, Knöpfstiefel, Damensohlen, vor allem Damensohlen, die er mit seinen Gedanken bedecke; seine Leidenschaft werde erhöht, wenn er im Hintergrund das Nageln des Damenschusters höre; das harte unaufhörliche Einschlagen auf Sohlen und Absätze mache ihn rasend. Strümpfe und Beine interessierten ihn aber nicht, ihm genüge der bloße Anblick des Schuhs. Wenn er die Damen über zu enge Schuhe klagen höre, gerate er unausweichlich ins Taumeln. Das Betasten von Schuhen, das Reden über Schuhe, vor allem aber das Denken vergrößere seine Begierde; schon beim bloßen Nachdenken über den Damenschuh verströme er sich. Er denke nur noch an Damenschuhe, sagte der Mann, an Tausende Damenschuhe auf riesigen Plätzen. Seine Stellung habe er aufgegeben, um sich ungestört seinen Gedanken widmen zu können.

Denker

Das Gehirn des Denkers wölbt sich nach vorn und beschattet das Auge derart, daß es ziemlich tief in der Höhle zu liegen scheint. Vergleicht man den Denker jedoch mit dem Grübler, der nicht denkt und beobachtet, sondern lediglich grübelt, dann bemerkt man, daß das Auge des Grüblers in den tiefsten Hintergrund der Augenhöhle hineinschrumpft, während das Auge des Denkers unter dem wohlgewölbten Augenbogen sich prächtig und glanzvoll präsentiert.

Dunst

Seit dem ersten Auftreten meines *Ratschlägers* bin ich von verschiedenen Seiten aufgefordert worden, etwas mehr über die Natur des Weibes und seine Eigentümlichkeit zu verbreiten. Ich habe nicht vor, es zu tun. Einerseits gibt es nicht den geringsten Grund, meine verehrten Leserinnen, denen ich den angenehmsten, rundlichsten Zuspruch verdanke, zu kränken und dem Gedankenschmutz gewisser Personen preiszugeben; andererseits sind die Grundzüge des weiblichen Charakters gar nicht so wichtig. Wir haben sie vielfach angedeutet, das muß genügen. Wir warnen im übrigen unsere männlichen Leser davor, sich ein allzu scharfes Bild von dem zu machen, was es an Aufregungen und Verwirrungen in der weiblichen Seele gibt. Eine ausführliche Darstellung dieser Gemütsdünste wäre geeignet, den Familiengedanken, den wir vorbehaltlos vertreten, vollkommen zu vernichten. Wer darüber hinaus mit pikanten Bildern, wie sie jetzt überall verbreitet werden, rechnet, wird sich an andere Werke halten müssen. Wir illustrieren nur da, wo sich eine triftige Veranlassung bietet, wo es unvermeidlich ist. Alles andere ist vermeidlich.

E

Bei gewissen Buchstaben atmen wir besser. Das E erzeugt Druck unter den Achselhöhlen und stärkt unsere Atemmuskulatur. – Stehen Sie auf, stellen Sie sich aufrecht hin und öffnen Sie ihren Mund. Wer atmet ist glücklich.

Ebene

Die Ebene ist das einfachste und schlichteste unter den landschaftlichen Gebieten. Es genügt, wenn wir sie am Rand erwähnen. Die Engländer halten die Ebene für etwas außergewöhnlich Schönes und betreten sie oft und mit Vorliebe in den kalten Jahreszeiten. Ich traf sie gelegentlich auf meinen Reisen durch die Ebene und habe es damals nicht für meine Aufgabe gehalten, sie eines Besseren zu belehren. Ich war sogar überzeugt, daß, je länger die Engländer unbelehrt bleiben, es mir umso leichter fallen würde, sie aus den von mir geschätzten Höhengebieten fernzuhalten. Ich habe mich nicht getäuscht. Im gleichen Moment, als ich sie über den wirklichen Charakter der Ebene aufklärte, fuhren sie in die Berge, um sich von oben über die Ebene zu entrüsten.

Ejakulation

Jede Frau fühlt die Ejakulation als den Erguß einer warmen Flüssigkeit. Frauen allerdings, die sich Hunden hingeben, fühlen den Samen des Hundes eiskalt.

Ekel

Ekel ist ein Widerwille, den wir gegen gewisse Dinge empfinden, die auf unsere Sinne abstoßend wirken. Ekel kann so weit gehen, daß empfindliche Personen schon bei der bloßen Vorstellung solcher Dinge von Übelkeiten geschüttelt werden. Ekel vermindert das Gefühl der Kraft und der Selbständigkeit. Höhenwahn ist meines Erachtens nichts anderes als Ekel vor der Tiefe.

Enttäuschung

Es ist unmöglich, ein Bonbon geräuschlos aufzuwickeln, auch nicht mit noch so viel Delikatesse und Geschick. Eine Anzahl von widersprüchlichen Bemerkungen zu diesem Thema, in der besonders die Enttäuschung über meine Ansicht zum Vorschein kommt, will ich hier nicht verschweigen. Ich versichere aber, auf meine Beobachtungen gestützt, und hier stimmen fast alle meine Mitarbeiter mit mir überein, daß es nicht möglich ist, ein Bonbon geräuschlos aufzuwickeln. Es geschieht niemals ohne Geräusche: niemals. Ausnahmsweise geschieht es übrigens doch, aber gewiß sehr selten. Ich gebe zu, diese Sache ist insgesamt dunkel und rätselhaft, aber allmählich wird sie in Vergessenheit geraten und mit ihr die Enttäuschung. Das ist nicht bloß so, sondern das muß so sein.

Erbsenpüree

ist eine durchaus nicht sehr leichte Speise und wird dem Menschen, der es zu sich nimmt, in der Regel so schwer im Magen liegen, daß er froh ist, wenn es ihm schließlich wieder herausgepumpt wird.

Erde

Ich muß gestehen, daß ich zur Zeit eine vollständig befriedigende Antwort auf die Frage, wie lange die Erde noch existieren wird, nicht geben kann. Mit Übergehung einiger wie es scheint weniger haltbarer Behauptungsversuche, will ich Ihnen aber *das* mitteilen, was bisher am meisten Annahme gefunden hat. Ich bin dabei in der unerfreulichen Lage, für diese wichtige Mitteilung Ihr Gedächtnis mit einem Namen belästigen zu müssen, der bisher noch an keiner anderen Stelle dieses Werkes erwähnt worden ist: der Name ist Scheizhofer. Scheizhofer hat die Meinung vertreten, daß es die Erde schon längst nicht mehr gebe, daß sie vielmehr nur mehr eine kugelförmige Erinnerung sei, eine Gedankenblase, wie Scheizhofer es ausdrückt. Diese Ansicht hat sich aber nicht halten lassen und ist in letzter Zeit ebenso in Vergessenheit geraten wie Scheizhofer. – Die Erde ist, sagt Lemm, keine Gedankenblase, sondern eine mit Flüssigkeit gefüllte Blase, die ihren Sitz meist im rechten Lappen des Himmels habe, eine Art Geschwulst, sagt Lemm, man könne ein Zittern wahrnehmen, das mit dem Vibrieren einer sülzigen Masse große Ähnlichkeit habe. Wenn man die Geschwulst aufbreche, ergieße sich ihr Inhalt über die Straßen. Im Erdinnern befänden sich, sagt Lemm weiter, feste, flüssige oder luftartige Stellen. Beim Anschlagen des Fingers auf die betreffenden Teile der Erde klinge es ganz leer. – Wobser dagegen spricht von der fettreichen weichen Erde, die in ihrem natürlichen Zustand keinen Widerstand mehr leiste, auch keinen Schall gebe, ein Schall komme nur dann zustande, wenn die Haut der Erde gespannt sei, ein Schall, ein Ton, den Wobser den Weltton genannt hat, den leeren oder vollen, hellen oder dumpfen Weltton. Er beschreibt diese Töne in seinem Werk *Töne und Geräusche*. – In ungefähr fünf Milliarden Jahren, das ist meine Prognose, wird die Sonne etwa zwei Milliarden Jahre lang wachsen. Auf der Erde werden die Temperaturen auf eintausendvierhundert Grad Celsius steigen. Die Ozeane werden verdampfen. Danach wir die Erde in sich zusammenfallen und zu einer kleinen kalten Kugel werden. Alles wird allmählich schwächer werden und zuletzt ganz aufhören. Zur Beruhigung ängstlicher Leser könnte ich Collunders Bemerkungen über die Erde hinzufügen, aber das tue ich nicht.

Erdrosseln

Eine Todesart, die durch das Zusammenschnüren des Halses mittels einer Schlinge oder dergleichen zuwege gebracht wird. Ganz einfach ist es nicht, aber es ist auch nicht schwer.

Essen

Die Annahme, daß man sich nach dem Essen hinlegen soll, ist falsch. Der sich aufrecht haltende Mensch wird die Nahrung viel besser verdauen: also stehe man nach dem Essen auf und bleibe einige Zeit stehen.

Famili, mein
    mein famili

    mein schwester strickt am grünen Strumpf
    so heiß und groß so dick und weich
    so seltsam übers knie gebeugt
    mein schwester mit dem roten rumpf

    mein oma liebe oma so
    so faltig pergament so dünn
    so vogel hals so fistel stimm
    so mürrisch mittags abends froh

    mein famili im zimmer lung
    wo um den schwarzen tisch und rund
    mit topf und fisch und zwiebelbrüh
    mit hand mit mund mit großem hung

    mein vater mit der nickelbrill
    mein mutter auf dem küchenstuhl
    mein starker bruder mit dem bart
    mein kleine schwester blaß und still

    mein famili mein ganze fam
    ili mein ganze zwei drei und
    mein vier und fünf und zwei und ein
    mein famili wie wundersam

wie wundersam wie wir am tisch
am runden tisch von rundem holz
wie faust und gabel hier und hier
faust gabel hier mund da und fisch

mund da und fisch und fisch und kloß
am runden tisch der vater spricht
und ißt den kloß und ißt den fisch
vom tisch und spricht und zwiebelsoß

und zwiebelsoß rinnt ab vom mund
wischt ab ach wischt und wischt und spricht
die schwester hörts an ihrem strumpf
die mutter hörts der bruder und

großvater dort auf dem abort
der hund der hund bunt hinterm schirm
die laus in seinem pelz und ich
ich hörs ich hab im ohr die wort

wie altes brot die wort wie brot
wie schwarzes brot die mutter nimmts
vom küchenbord und lächelt wild
denn trocken brot macht wangen rot

wie glotzt aus seinem leib das brot
wie rollt es rollt es durch die tür
die base sitzt vor dem klavier
und spielt ohn brot ist große not

die schürz der mutter weht herum
die uhr platzt an der wand und da
grinst unterm bottich grinst die schab
der vater spricht seht euch nicht um

Familienphotographie

Das Photographieren eines sehr kleinen Kindes geschieht auf die Weise, daß zunächst der Vater das Kind auf den Arm nimmt. Dabei steht die Mutter neben ihm und schaut auf das Kind hinunter. Sie lächelt, während der Onkel photographiert. Die Tante, neben dem Onkel stehend, schaut dem photographierenden Onkel zu. Danach nimmt die Mutter das Kind in den Arm, der Vater steht nun neben der Mutter und schaut auf das Kind hinunter. Er lächelt, während der Onkel photographiert. Danach nimmt die Tante das Kind aus dem Arm der Mutter in ihren Arm, der Onkel steht nun neben der das Kind haltenden Tante, der Vater photographiert, die Mutter schaut dem photographierenden Vater lächelnd zu und sagt etwas, das ich in der Eile des Aufschreibens überhöre. Damit ist die ganze Angelegenheit beendet, obwohl sie eigentlich gerade in diesem Moment beginnt; das ist meine Ansicht, aber ich will mich darüber nicht äußern, zumal ich den Knopf des Photoapparates, den ich in der Hand halte, um ein Bild der ganzen Familiengruppe zu machen, suche. Wo ist der Knopf? rufe ich. Aber keine Antwort, nichts. Alle sind fortgegangen in die Wärme, denn es ist kühl und Abend geworden. Zurückgeblieben ist nur ein Hut auf einem gepolsterten Stuhl. Es ist der Hut des Onkels. Darum nenne ich das entstandene Bild: *Der Hut des Onkels*.

Ferne

Was dem Betrachter aus der Ferne unendliches Vergnügen verschafft, das kann ihm unter anderen Umständen, etwa aus der Nähe, ganz furchtbar vorkommen. Aus einem Bericht von Wobser erfahren wir die schauerliche Erhabenheit einer solchen Szene, die eigentlich weder gedacht noch beschrieben werden kann. Wobser erwähnt ein schreckliches Schmettern, ein Zerstäuben, ein Zersplittern. Es fehlten übrigens damals die beteiligten Personen, welche die außergwöhnlichen und noch dazu gleichzeitig eintretenden Ereignisse in eine mehr oder weniger wahrscheinliche Beziehung zueinander hätten bringen können. Zu beobachten war nur eine ungewöhnliche Aufregung im Haus gegenüber, wobei die gewöhnliche Ordnung der Dinge geradezu umgedreht wurde. Mit Bestimmtheit war nur das eine zu erkennen: Alles wurde allmählich schwächer und hörte letztendlich auf.

Fettleibigkeit

Ein Mann in New York wog eintausend Pfund. Er war nicht sehr groß, aber da sein Körper in alle Richtungen hineingewachsen war, hatte er einen Umfang von etwa drei Metern. Arme und Schenkel hatten die Dicke eines durchschnittlich dicken Mannes. Die Füße waren bedeckt von der Überfülle der Beine. Das Gewicht des Fettes zog seine Augenlider sackartig in die Tiefe. Drei gewaltige Unterkinne hingen über die Brust hinab. Er verbrachte sein Leben am Fenster, lebte im Sitzen und füllte das Zimmer, in dem er saß, vollkommen aus, wobei er zuweilen ein Bier trank. Der Mann war so fett, daß er unter dem Speck in Gelächter ausbrach, ohne daß man es sehen konnte. Er hielt sich so gut es ging fern von Gelegenheiten, bei denen er zum Gegenstand von Bemerkungen geworden wäre; er mied Orte, wo er befürchten mußte, Aufmerksamkeit zu erregen oder sich mit zu wenig Platz begnügen zu müssen. Das fiel ihm, da er ganz unfähig war aufzustehen und zu gehen, keineswegs schwer. Er blieb sitzen und lachte.

Filzmalz

Ein Malz, dessen Wurzelkeime man zu einer ungewöhnlichen Länge hat auswachsen lassen, die sich infolge des Ineinandergreifens zu einer filzigen Masse vereinigt haben, nennt man Filzmalz.

Finsternis

Man hat beobachtet, daß Gegenstände am Meeresgrund in einer Tiefe von etwa 150 Metern zwar selten sind, aber sichtbar. So tief dringt also das Licht hinab. Schon das ist eine Widerlegung der von Klomm aufgestellten Behauptung, bei 20 bis 30 Metern unter dem Meeresspiegel sei es absolut finster. Klomm hat diese Behauptung aufgestellt, als er mit einer Taucherglocke in die Tiefe gegangen war. Ist denn aber, fragt uns der

Leser, die Tiefe von 150 Metern die Grenze für eine Beleuchtung der Gegenstände auf dem Meeresgrund? Ganz gewiß nicht, sagen wir, denn die Gegenstände, die wir bei dieser Tiefe, freilich nur schwach beleuchtet, aber dennoch deutlich sehen, müssen ihr Licht ja abermals 150 Meter zu uns zurücksenden, nur dadurch sehen wir sie. Was an Licht also bis zu uns durch die doppelte Dicke von 150 Metern, also von 300 Metern dringt, erst abwärts, dann aufwärts gebrochen und reflektiert, das sollte wohl auch noch ein paar Meter weiter gelangen können. Aber das ist auch wieder nur eine Vermutung. Denn wir kennen ja die Eigenschaften des Meereswassers in solchen Tiefen gar nicht genau, vielleicht ist es von einer Dichtigkeit, von der wir uns gar keine Vorstellung machen können. Am Ende läßt sich über die Finsternis in der Tiefe gar nichts Bestimmtes sagen.

Flasche

Ein längliches Gefäß mit engem Hals, das, in verschiedenen Formen aus verschiedenen Materialien hergestellt, zur Aufbewahrung von Flüssigkeiten dient, nennt man Flasche. In weiteren Einzelheiten brauchen wir uns dabei nicht zu verlieren.

Fliegenpflaster

Fliegenpflaster wird entweder als gewöhnliches spanisches Fliegenpflaster gebraucht, als eine dicke schwarzgrünliche Pflastermasse, oder, auf Leinwand gestrichen, als immerwährendes spanisches Fliegenpflaster. Das gewöhnliche spanische Fliegenpflaster wird in kartenblattdicker Schicht auf ein höchstens groschengroßes Stück Leinwand gestrichen und auf der gewünschten Stelle befestigt. Dort bleibt es liegen, bis sich eine Blase gebildet hat, die am unteren Rand aufgeschnitten wird. Die auslaufende Flüssigkeit hat häufig selbst blasenziehende Eigenschaften, sie muß deshalb vorsichtig aufgefangen werden. Das immerwährende spanische Fliegenpflaster zieht erst nach längerer Zeit eine Blase, bei derber Haut oft gar keine. Ich sage das, damit wir bemerken, wie wenig Grund wir haben zu klagen.

Fröhlichkeit

Ich hatte mir an dieser Stelle vorgenommen, die Fröhlichkeit zu loben, die häufig in unseren Kreisen zu herrschen pflegt. Leider ist durch verschiedene Mißverständnisse die Stimmung etwas gedrückt. Ich möchte dennoch über die Fröhlichkeit reden und bin egoistisch genug, den Leser zu bitten, seinen Ärger für einen Moment zu vergessen und sich in gewohnt freundlicher Weise dieses Artikels anzunehmen. Ich zweifle nicht daran, daß mein Hinweis auf die schönen Seiten der Fröhlichkeit imstande ist, sie augenblicklich wieder herzustellen.

Frohsinn

Siehe: *Traurigkeit*

Fußgänger

Ein Mensch, der sich vollkommen ruhig verhält, erregt kaum unsere Beachtung; ein Mensch erscheint vielmehr erst als Mensch, wenn er sich bewegt oder Geräusche verursacht. Ähnlich verhält es sich mit dem Fußgänger. Ein Fußgänger, der stehen bleibt, ist verloren. Ein Fußgänger muß laufen, und zwar so schnell wie möglich.

Gagel

auch Pors, ist ein merkwürdiger Strauch, heimisch auf torfigem Untergrund. Der Strauch ähnelt der Birke und gibt wie diese bei der Entfaltung der Blätter, die später als kätzchenartige Blumen kommen, seiner Umgebung einen intensiven Geruch. Aus diesem Grund verwertet man sein Laub als Tabak, die Blütenknospen zum Gelbfärben verschiedener Dinge, die Rinde zum Gerben. Mit der Myrthe hat der Strauch gar keine Ähnlichkeit. Seine Blätter haben auf ihrer Unterseite eine rostige Farbe, weshalb man sie vielleicht mit dem Sumpfporst verwechselt, der gegen Warzen verwendet wird.

Geduld

Unter Geduld verstehen wir das ruhige zufriedene Warten auf den Erfolg. Warten Sie also ruhig und gelassen auf den Erfolg, er wird schon kommen.

Gegenstand

Vergißt man ein Wort, einen Gegenstand oder den Ort, wo man den Gegenstand hingelegt hat und den Namen des Gegenstandes, also das Wort, mit dem man den Gegenstand bezeichnet; dann ist dieser Gegenstand ein für alle Mal verloren, wenn man nicht unverzüglich die Einsamkeit aufsucht, um seinen Geist auf den verlorenen Gegenstand und den entfallenen Namen zu konzentrieren, so lange, bis die Erinnerung wiederkehrt und auch der Ort und schließlich der Gegenstand.

Da ist er. Es ist ein Hut. Wird man in einem solchen Augenblick unterbrochen, dann sagt man: *Bitte jetzt keine Störung, ich versuche mich zu erinnern.* Wer sich in Ruhe und in der Einsamkeit konzentriert, wird es nicht nötig haben, sich über Störungen zu beklagen. Man wird alle Gegenstände der Welt finden und ihren Namen. Alle Schirme, Mützen und Hüte; man wird Dinge vollbringen, die der gewöhnliche Mensch für unmöglich hält.

Gehör

Übermäßige Anstrengungen bringen bei Musikern, Klempnern, Artilleristen, Kupferschmieden, Klavierstimmern und Arbeitern in Pochwerken verschiedene Ohrentäuschungen hervor, wie Sausen, Klopfen und Klingeln, nächtliches Zischen, Ohrenzwang, Schwindel und schlechte Stimmungen. Es kommt glücklicherweise nicht zum Sterben; womit nicht gesagt sein soll, daß alles gut ausgeht.

Gerüche

Über die Gerüche habe ich in meiner Schrift *Über die Gerüche* alles Wesentliche gesagt. Nur aus Rücksicht auf meine männlichen Leser habe ich Mitteilungen über die Ausdünstungsdüfte meiner männlichen Leser unterlassen. Ich werde sie hier, auf ausdrücklichen Wunsch meiner zahlreichen Leserinnen, nachzutragen versuchen. Männer duften, wie mir die Damen versichern, im jugendlichen Alter bouillonartig; dieser Duft schwindet jedoch im Laufe der Jahre und macht einem milden brotartigen oder besser mehlpuderartigen Geruch Platz. Im fortgeschrittenen Alter nimmt der Mann einen schimmligen, im Erregungszustand säuerlichen, ranzigen Geruch an, den man ähnlich an alten Hunden, Pferden und Schafböcken wahrnehmen kann.

Gewächshaus

Ein Spaziergang durch das Gewächshaus des bekannten Reisenden Collunder ist die Ursache, daß wir nun von der Palme sprechen, die in ihrem Inneren schwammig weich ist und, in Scheiben geschnitten, einen brotähnlichen Geschmack hat. Das Fleisch und der Kern der hühnereigroßen Früchte werden gegessen, der Saft der Blütenscheiden liefert den ungemein süßen Palmwein; also essen und trinken wir erst einmal und dann verarbeiten wir die Oberhaut der Palmenblätter zu vortrefflichen Schnüren, aus denen wir Netze und andere nützliche Dinge knüpfen, Hängematten zum Beispiel, die wir zwischen Palmenstämmen aufhängen, in die wir uns einfach hineinlegen und schaukeln. Beim Schaukeln kommen uns gute Gedanken. Zum Beispiel zerschneiden wir nun die Stämme zu Brettern, bauen uns Boote und fahren den Orinoko hinab. Das Wetter ist hübsch, es gibt viele Fische, und weil Fische eßbar sind, essen wir Fische und lassen uns satt in die Hängematte sinken, die von Stamm zu Stamm gespannt ist. So sind also auch die Stämme verwendbar als Stützen für unseren Schlaf. Wir schlafen und träumen vom großen Nutzen der Palme, unter deren Wedeln wir es schön kühl und trocken haben, während der Regen fällt und das Wasser steigt, wir lassen uns schaukeln und sehen dort in der Tiefe das Wasser wühlen und alles davonsaugen, nur uns nicht, wir schaukeln schön in der Höhe und schauen zu, wie alles verschwimmt, während wir Palmwein trinken, der noch lieblicher schmeckt als die Kokosmilch. Dieses Beispiel vom großen Nutzen der Palme mag für heute genügen.

Glanz

Daß auch das Wort seine Schattenseiten hat, versteht sich von selbst; wir wollen sie aber gern übersehen. Das Wort soll glänzen, der Glanz des Wortes sollte die Welt verzaubern. Wir vergraben das Wort deshalb nicht in einem düsteren Winkel, sondern stellen es *so* auf, daß es zu leuchten beginnt. Wer ein persönliches Verhältnis zu seinen Worten hat und sie wie seine Freunde liebt, der wird an ihnen viel Freude haben: bei der Verschönerung seines Feierabends und bei der Verbesserung seiner gesamten Verhältnisse.

Graswachsen

In meinen in sämtlichen Erdteilen und mit besonderer Vorliebe für die Wahrheit gesammelten Beobachtungen habe ich niemals das Gras so rasch wachsen sehen, wie in Sankt Gallen. Das Gras wächst hier mit einer unbegreiflichen Geschwindigkeit, in einer ganz unbegreiflichen Dichte und Höhe, es wächst einem in die Augen und in den Mund und über den Kopf hinaus in die Luft hinein, mit einer Leichtigkeit, über die man sich unbedingt wundern müßte, wenn man nicht durch die Mitteilungen Lemms und durch einen Bericht, den ich der Freundlichkeit Wobsers verdanke, darauf vorbereitet gewesen wäre. Würde ich alle von mir und anderen Forschern gesammelten Beobachtungen über das Graswachsen hier wiedergeben, müßte ich mehrere Seiten füllen. Wer sich genauer davon unterrichten will, möge auf meine anderen Werke zurückgreifen, während ich mich, ohne ersichtliche Beschwerden, ohne Schmerzen und Schwierigkeiten zurückziehe in das unheimlich rasch und dicht wachsende Gras in Sankt Gallen. – Man vermisse in diesem Artikel die Damen, behauptet Klomm. Ich schätze die Damen sehr, sage ich, aber sie müssen nicht überall sein.

Gurgeln

Die Menschheit gurgelt falsch. Die einen machen den Mund weit auf, knicken den Kopf ins Genick und lassen ein lautes Geräusch vernehmen, das sie dann Gurgeln nennen. Die anderen jagen einen Schluck Wasser im Munde herum und richten auch nicht viel aus. Um wirklich zu gurgeln, nehme man etwas Wasser, beuge den Kopf leicht nach hinten und lasse die Flüssigkeit in den Hals laufen. Das Wasser wird durch das Zusammenziehen der Schluckmuskulatur wieder herausgepreßt, Speisereste und Schleim werden fortgespült. Das ist es, was wir Gurgeln nennen.

G

Halsband

Das neue Theater in Moers hat mit seiner Spezialität, dem gemeinen Spektakelstück, gebrochen und ist erfreulicherweise wieder zur Oper zurückgekehrt. Es gibt jetzt ein Stück mit dem Titel *Das schwarze Halsband*, in dem eine spanische Seiltänzerin einen Mann aus Paris in Gefahr bringt, die umso größer wird, je lauter die Musik spielt. Die Musik hilft dem Zuschauer überhaupt über manche Zweifel hinweg und eine vortreffliche Handlung verschafft dem Ereignis einen sehr erfreulichen Ausgang. Der Mann, übrigens ist er der Neffe des Großmoguls, widersteht den gefährlichen Lockungen und schenkt das kostbare schwarze Halsband schließlich einer ihm würdigen Dame, die sogleich in Gesang ausbricht, was wir ihr bei den herrschenden Zuständen nicht weiter übelnehmen.

Heimweh

Das Heimweh ist ein durch unbefriedigte Sehnsucht nach der Heimat oder nach einem anderen Ort hervorgebrachter, den Organismus untergrabender Zustand von Schwermut, zu dem sich gewöhnlich noch andere Krankheiten, wie Mangel an Eßlust, Verstopfung und Abmagerung gesellen, denen dann chronische Krankheiten, Geistesstörungen, Tuberkulose und schließlich der Tod folgen. Gegen das Heimweh schützen weder das Alter noch Bildung noch Einfalt; jedoch kommt es am häufigsten beim weiblichen Geschlecht und bei in die Ebene versetzten Gebirgsbewohnern vor. Kann das am schnellsten

H

und sichersten wirkende Gegenmittel, die Rückkehr in die Heimat, nicht angewendet werden, so versuche man, durch passende Lebensweise, Zerstreuung, Anstrengung und kräftige Nahrung dem Übel entgegenzuwirken.

Herz

Das Herz ist ein ganz aus Muskelfasern gebildeter Sack. Das ist leider keine erfreuliche Nachricht, aber es ist die Wahrheit.

Höchstgeschwindigkeit

Um zu beweisen, was Geschwindigkeit ist, jagte ich im April über die Rennbahn von Rüsselsheim. Es ist bekannt, daß diese in großer Abgeschlossenheit und Verschwiegenheit durchgeführte Versuchsfahrt gut gelang. Mir passierte nicht allzu viel, ein paar Brüche ausgenommen entstieg ich dem Fahrzeug nach diesem ersten die Zukunft zart berührenden Versuch so gut wie unbeschädigt. – Die offizielle Schaufahrt, die ich kurz darauf unternahm, um den Ernst meiner Versuche zu betonen, wurde zum allgemeinen Ereignis. Daß diese Fahrt ohne nennenswerten Unfall beendet wurde, ist freilich ein Wunder. Vorwärtsgeschleudert von der brüllenden Rakete trat ich, der verwegene Fahrer, das Gaspedal in wesentlich kürzeren Abständen nieder, als es vertretbar war. Die Begeisterung der Zuschauer bewies den starken Eindruck, den meine Kunst hinterließ. Von nun an galt es, die Geschwindigkeit weiter zu steigern; denn Geschwindigkeiten zu erzeugen, die alle irdischen Begriffe übersteigen, war der Zweck meines Lebens. Eines Tages aber war es zu viel. Unter dem Druck von acht gleichzeitig abbrennenden Raketen bäumte sich mein Wagen auf, die winzige Unebenheit der nächsten Schienenkopplung hob ihn aus dem Geleise und warf ihn seitwärts in ein Gebüsch, wo er als rauchender Haufen allgemein bestaunt liegenblieb. Mir selbst ist nicht viel passiert; jedenfalls vermag ich aus den Beschreibungen der Ärzte nichts herauszufinden, was dieser Behauptung widerspricht.

Honigkukuk

Der Name ist zweifellos schön, für die wirkliche Schönheit des Vogels jedoch nicht schön genug. Aus den Beobachtungen eines Reisenden geht hervor, daß alle Honigkukuke sich im wesentlichen ähneln. Daher muß es auch genügen, wenn ich nur einen von ihnen beschreibe und diesen so knapp wie möglich, nur im Vorüberfliegen. Der Vogel scheint ohnehin nur an wenigen Stellen vorzukommen. Häufiger tritt er nirgends und niemals auf. Collunder bezeichnet ihn als sehr selten und sagt, daß er ihn nur ein einziges Mal gesehen habe, und selbst dieses eine Vorüberfliegen sei vielleicht eine Täuschung gewesen. Seine geringe Größe, auch seine Stummheit, die Färbung und die Gewohnheit, sich in dunklen belaubten Bäumen aufzuhalten, sind wohl die Gründe dafür, daß er kaum auffällt. Am ausführlichsten schildert neuerdings Lemm das Nichtvorkommen des Honigkukuks in sämtlichen Gegenden. Es fällt mir deshalb noch lange nicht ein, über das liebenswürdige Tier, nur weil es nicht überall auftritt, zu schweigen.

Hülsenfrüchte

Einen Schädel bekommt man leicht auseinander, indem man ihn mit trockenen Erbsen füllt und in Wasser legt; durch das allmähliche Aufquellen der Hülsenfrüchte springen die Knochennähte und der Kopf platzt. Daß es auch anders geht, bezweifeln wir nicht. Mir selbst sind viele Fällle bekannt.

I

Das I ist der hellste Vokal der Welt. Es streicht aus dem stark emporgehobenen Kehlkopf nach vorn, es spießt durch die Wölbung der Zunge nach oben und fliegt aus dem Mund in die Schlitze der Luft. Das I ist bei spitzen erhitzten Damen äußerst beliebt.

Inneres

Ich habe schon seit vier Jahren einen Menschen von Innen sehen wollen. So wie mir geht es vielen; wir alle wünschen zu wissen, wie es im Innern des Körpers ist. Dazu müssen wir ihn zerlegen; nicht zerstoßen oder zerreiben, denn auf diese Weise würden wir nur kleinere und immer kleinere Fleisch- und Knochenstücke erhalten, ohne dabei über die Bedeutung und die Bestandteile klüger zu werden; und über das Innere würden wir gar nichts erfahren. Nein, wir müssen ihn aufschneiden und die Wahrheit wird aus ihm hervorquellen. Ähnlich verhält es sich mit dem Inneren der Welt. Wir kennen keinen Grund, weshalb wir die Welt nicht aufschneiden sollten, und weshalb wir nicht fortfahren sollten, diese aufgeschnittenen Dinge, die wir entdecken, aufzuschreiben. Es sind die Nachforschungen über die Gegenstände der Dunkelheit und der Nacht, die Ansichten über den Schleim des Meeresgrundes, über die wehenden Nebel aus dem Inneren der Gebirge, die Berichte über die Dämpfe aus der Tiefe der Töpfe, die Nachrichten über

I

den Atem aus dem Grund des Mundes; es sind die einzigen Dinge, die uns wirklich beschäftigen. Man könnte das leicht für eine extreme Behauptung halten; aber es ist die natürlichste Sache der Welt, die uns umgibt und von der wir wissen, daß ein Teil nach ihrer Zerstörung weiterlebt, weiterkriecht, weiteratmet. Wenn man sich das vergegenwärtigt, dann wird man verstehen, warum die Reste des Körpers von ihrem Aufenthaltsort mit einem Schnitt abgelöst werden müssen; er muß umgestülpt werden: in die vorüberfließenden Gedanken hinein, in die aus den Wänden fließenden Flüssigkeiten, dem von der Decke tropfenden Regen hinein, während wir tief im Inneren sitzen und warten und forschen.

Käsefälschung

Eigentliche Käsefälschung durch Mehl, Gips und Kreide, von denen die Lehrbücher berichten, gehören zu den größten Seltenheiten, und auch die früher beobachtete Behandlung mit Urin dürfte zur Zeit kaum noch vorkommen. Umso häufiger sind dafür gewisse Käsefehler, die auf unrichtiger Herstellung beruhen und sich im Auftreten eines bitteren Geschmacks, einer blauen, grünen, roten oder schwarzen Verfärbung äußern. Sie sind meist auf die Tätigkeit unerwünschter Lebewesen zurückzuführen und Grund zur Entfernung solcher zumindest unappetitlicher Erzeugnisse aus dem Käsehandel. Bei der Beurteilung der Käse auf Verdorbenheit ist wegen der Vorliebe mancher Leute für überreife zerfließende und stark riechende Produkte eine gewisse Zurückhaltung geboten. Immerhin sollte aus Rücksicht auf das Vorkommen von Käsegift allzu stark zersetzter Käse, und aus Gründen der Appetitlichkeit madenhaltiger Käse vom Verzehr ausgeschlossen werden. Etwas Vergleichbares finden wir auch bei der Zubereitung beliebter Konfitüren und bei den Marmeladengroßindustrieprodukten. Wir behalten uns vor, im geeigneten Moment und zum Schutze des Publikums dazu Stellung zu nehmen.

K

Kartoffeln

Kartoffeln stammen aus Amerika. Dazu kommt, daß sie auf mannigfaltige Weise zubereitet werden können. Bedenkt man ferner, daß man aus Kartoffeln Schnaps fabriziert, dann wird man begreifen, warum ihre Bedeutung so groß ist. Kartoffeln sollen mehlig sein, nicht seifenartig, im Schnitt weder filzig noch schwammig, sondern fest. Man schütte sie im Keller auf einen Haufen, achte aber darauf, daß sie nicht mit dem Boden in Berührung kommen. Bei starkem Frost bedecke man sie. Es ließe sich noch vieles über Kartoffeln sagen, wir unterlassen es aber.

Keule

Ihrer großen Einfachheit wegen hat die Keule bis jetzt leider nicht die Würdigung gefunden, die sie verdient. Es wird aber die Zeit kommen, wo die Keule gerade wegen ihrer großen Einfachheit viele andere Dinge verdrängen wird. Die Keule, sagt Lemm, verdient, in der ganzen Welt eingeführt zu werden, weil das durch Kreisen und Schwingungen ausgelöste Wohlbefinden zu ganz überraschenden, hocherfreulichen Resultaten geführt hat. Arme und Schultern entwickeln sich auf merkwürdige Weise und dehnen sich über den Rahmen dieses Artikels hin aus. Außerdem sind diese Keulenbewegungen schön und gefällig und lassen sich bis ins Endlose ausführen, wobei eine große Abwechslung stattfindet, was man durchaus nicht von allen Bewegungen in der sichtbaren Welt behaupten kann. Einen besonderen Reiz erhält die Keule, wenn sie im Takt einer Unterhaltungsmusik geschwungen wird und dadurch zum Unterhaltungsgegenstand wird, was auch für solche Personen von Nutzen sein kann, die bisher eine sehr schlechte Meinung von Keulen hatten.

Klavierstimmung

Wer unter unseren Lesern hätte nicht den einen oder anderen Bekannten, der irgendwann einmal so übermütig war, sein verstimmtes Klavier selbst stimmen zu wollen und dabei die verhängnisvollsten Erfahrungen zu machen hatte. Die Erklärung seines Mißerfolgs ist zum großen Teil in der bisherigen Gestaltung der Stimmvorrichtungen zu suchen. In den Städten, am Sitz von Klavierfabriken, kann man die verstimmten Instrumente nach wie vor der Fürsorge der Klavierstimmer anvertrauen. Anders liegen die Dinge in den entlegenen Winkeln der Erde, in die das Klavier inzwischen vorgedrungen ist. Für solche Klavierbesitzer ist ein Klavierstimmer unter gewöhnlichen Verhältnissen einfach unerreichbar; sie müssen, wenn sie nicht unter ewiger Verstimmung leiden wollen, zur Eigenhilfe greifen, und da ist allerdings eine Erfindung mit Freuden zu begrüßen, die einen solchen Vorgang weniger schrecklich macht. Es handelt sich in unserem Aufsatz um Doktor Wobsers patentierte Stimmvorrichtung, die von der Jury der Weltausstellung mit der Verleihung der Fortschrittsmedaille ausgezeichnet wurde. Man kann diese Erfindung ohne weiteres als den bedeutendsten Fortschritt auf dem Gebiet der Klaviermusik bezeichnen, sie ist geeignet, sämtliche früheren mit zahlreichen Schwächen behafteten Einrichtungen im Stimmwesen vollständig zu verdrängen. Die Zustände haben sich damit in der ganzen Welt derart verbessert, daß wir nun überall, selbst in den dunkelsten Gebieten Afrikas, ein pianistisches Zugabestück erwarten dürfen.

Kraftaufwand

Daß das Klavierspiel einen erheblichen Kraftaufwand erfordert, hat schon mancher Klavierspieler empfunden, wenn ihm nach stundenlangem Bearbeiten der Tasten die Finger, Arme und Schultern zu schmerzen begannen. Collunder hat kürzlich berechnet, welches Maß von Arbeitsleistungen das Klavierspiel erfordert. Um eine Taste so zart hinunterzudrücken, daß sie gerade noch einen Ton pianissimo erzeugt, ist ein Fingerdruck notwendig, der einem Gewicht von einhundertundzehn Gramm entspricht. Der Fortissimo-Anschlag erfordert dagegen den kräftigen Druck von dreitausend Gramm. Dieses Gewicht vermehrt sich nun allerdings durch das gleichzeitige Anschlagen mehrerer Tasten durchschnittlich fünf bis sechs Mal. Deshalb erfordert nach dieser Berechnung die letzte Etüde von Chopin in c-Moll einen Kraftaufwand von 3130 Kilogramm. Wenn also ein Pianist zwölf Stunden täglich geübt hat, hat er seine Hände mit etwas mehr als siebenhundert Zentnern auf die Tasten gewuchtet und kann somit auf die Arbeitsleistung eines Dampframmbocks zurückblicken.

Kugelschlucker

Es ist nicht der Zweck dieses Artikels, meine Leser zur Nachahmung des Folgenden aufzufordern, ich rate von Nachahmungen sogar ausdrücklich ab, denn ich rede hier nicht vom gewöhnlichen Leben, sondern vom Kugelschlucken. Ein Mann, ein Kugelschlucker, zieht sich die Handschuhe an und hält die Hände an den Hals. Er sagt: *bei drei schießen Sie mir bitte in den offenen Mund hinein.* Dann setzt er die Brille auf. *Ich bin fertig*, sagt er, *eins zwei drei.* Der Schuß kracht. *Danke*, sagt der Mann, *Sie haben mir soeben in den Mund geschossen.* Dann spuckt er die Kugel aus. Wir haben es gesehen.

Kummer

Es fällt schwer, sich den Blick auf die wirklich großen Zusammenhänge zu erhalten, auf das Wesentliche und Bedeutende, wenn wir versuchen, eine Bemerkung über den trockenen Husten zu machen. Natürlich ist der Husten nichts im Vergleich zu der Tatsache, daß sich mit einer Geschwindigkeit von elf Zentimetern pro Jahr Afrika auf Europa zuschiebt und danach unter Europa schieben wird; aber bis es soweit ist, husten wir. Die Weite dieser Erklärung wird uns dabei vielleicht gar nicht bewußt, denn der Husten ist ja ein ziemlich verbreitetes und nicht sehr bedeutendes Leiden. Oft übt er auch nur die wohltätige Wirkung aus, fremde Stoffe aus unserem Körperinneren zu entfernen. Manchmal ist er jedoch in einem solchen Grade vorhanden, daß er mit immer neuen Hustenstößen den Kummer, den er uns macht, ständig steigert. Die Behandlung führt, wenn man überhaupt eine Behandlung durchführen will und sich nicht besser gleich mit dem Großen und Ganzen beschäftigt, nur mit Geduld zum Erfolg, vor allem bei dünnen gekrümmten Personen, die aus tiefem Kummer husten.

Langsamkeit

Ein Bild der Langsamkeit und Bedächtigkeit kriecht vorbei, ein schlauchartiger Bauch, die Mundhöhle ist umgeben von einer fleischigen Masse, und auf dem Grund des Mundes liegt eine schwere geschwollene Zunge. Diese prachtvollen Angaben entnehmen wir Lemms wunderbar stillem Werk über das Leben der Schnecken; wir schweigen und lesen ganz Wunderbares über die dünnschaligen Faßschnecken, die Ausschnittschnecken und die im Schlamm verborgenen Kugelschnecken, die fleischfressenden Glasschnecken mit dünnen schimmernden Schalen, die gewaltigen Sumpfschlammschnecken, die aufgetriebenen Napfschnecken, blasenförmig, mit einem einzigen weichen Mund, die warzigen Sternschnecken, die singenden Nacktschnecken, die Walzenschnecken, die wulstigen Leistenschnecken und Birnenschnecken, wir übergehen dabei eine ganze Reihe mit Schweigen, so lautlos kriechen sie heran und dahin in den starken Nordweststürmen, die Wendeltreppenschnecken mit kleinen Füßen, die Lochschnecken, die Ohrschnecken, Spitzschnecken, die scheuen Kreismundschnecken, wir spüren die reibenden Zungen der Faltenschnekken, wir sehen die nackten Geschlechtsöffnungen langsam herausschwellen unter den Steinen, wo sie ganz ruhig sitzen und sich ohne Eile begatten. Der Forscher Lemm beschreibt auch ein Festsaugen, ein allgemeines verheerendes Abfressen. Aber wir wollen das schweigend und rasch übergehen.

Lebenszeit

Die Lebenszeit ist die Zeit, die ein Mann während seines Lebens verbringt. Rach, unser Gewährsmann, behauptet, er habe insgesamt vierundzwanzig Jahre im Bett gelegen. Sobald er aufstand und bevor er sich hinlegte, habe er sich an- und ausgezogen. Dieses doppelte Geschäft – Rasieren, Haarekämmen und was sonst noch damit zusammenhängt nicht gerechnet – habe ein Jahr und sechs Monate in Anspruch genommen; körperliche Bedürfnisse im engeren Sinne: sechs Jahre; Essen und die Notwendigkeit der Ausscheidung, zu der das Essen führt: neun Jahre. Vertrauliche Mitteilungen: drei Jahre; gleichgültige Dinge: drei Jahre; Vergnügen, weil das auch manchmal sein muß, das Bedürfnis etwa, sich zu unterhalten, hier und dort einen Blick auf etwas zu werfen, was man ja auch unterlassen könnte: etwa zwei Jahre. Schließlich die Zeit, in der nichts passiert ist, tatsächlich nichts, sagt Rach, ausgenommen vielleicht das Knöpfeöffnen und nicht einmal das: dreißig Jahre: Dreißig Jahre lang nichts passiert, sagt Rach, nicht das Geringste, und es habe den Anschein, als werde auch in der nächsten Zeit nicht das Geringste passieren. Das ist, alles in allem, ein niederschlagendes Ergebnis.

Lesegeschwindigkeit

Lemm hat sich lange über die Lesegeschwindigkeit Gedanken gemacht. Er hat herausgefunden, daß eine Dame aus Stuttgart wöchentlich 6 bis 7 Romane liest, also durchschnittlich ein Buch täglich. Wenn man die Länge mancher Romane in Betracht zieht, sagt Lemm, ist es ein Wunder, daß diese Dame nicht ermüdet, denn im Laufe des Jahres 365 Bücher zu lesen kann kein Vergnügen sein. Ihre Leistung wird allerdings von einer Dame aus Frankfurt noch übertroffen. Die Dame hat während der siebzig Jahre ihres Lebens nach ihren eigenen Angaben 19 000 Romane gelesen, hauptsächlich solche von deutschen Autoren, aber sie liest auch britische Schriftsteller. Der im vergangenen Herbst verstorbene Schweizer Scheizhofer gilt als ihr Lieblingsautor. Das alles ist schon erstaunlich genug, wird aber von einem Mann aus Mainz weit übertroffen. Dieser Mann hat in 6 Monaten nicht weniger als 320 Romane, 35 Biographien und 60 Reisebeschreibungen gelesen. Er gab zu, daß er nicht jedes Wort gelesen hat, aber er konnte den Inhalt der Bücher dennoch ziemlich genau beschreiben. Den Weltrekord im Lesen hält freilich ein Mann aus Ober-Olm, der in den letzten 15 Jahren 3500 Romane, 256 Biographien, 39 religiöse Bücher und eine große Zahl von Gedichten, nach seiner eigenen Schätzung etwa 20 000 allein von Autoren aus der näheren Umgebung von Olm, gelesen hat. Wir zweifeln nicht an seiner Geschwindigkeit, sind aber der Meinung, daß damit die Spitzengeschwindigkeit noch längst nicht erreicht ist.

Liebesbewegungen

Der Forscher, der auf der Suche nach Wahrheit ist, darf vor der Wahrheit, die ihm mißfällt, nicht zurückschrecken, bemerkt der an sich recht weitherzige Damenfreund Collunder, und über die Damen bemerkt er: *Niemals waren die Damen etwas anderes, als von äußeren Impulsen beherrschte Wesen. Sie geben sich*, sagt Collunder, *zuweilen mit solcher Nacktheit und Ausschließlichkeit hin, daß man staunen muß. Stehende Liebesbewegungen sind so selbstverständlich wie das regelmäßige Atmen.* In der Ratschlägerliteratur sind solche Vorgänge bisher unbeschrieben geblieben; ich will deshalb einige von ihnen für die Freunde meines Buches anführen, in der Hoffnung, ihnen im Kreis der Familie dienen zu können. Collunder behauptet, daß auf gewisse Berührungsreize hin eine Dame nach hinten sinke. Das ist unglaublich oder wenigstens nicht ohne weiteres glaubhaft und auf seine Wahrheit hin zu überprüfen. Überhaupt: die Wahrheit. Die Wahrheit ist ein Kapitel für sich.

Links und rechts

Es ist leider eine Tatsache, daß in unseren gegenwärtigen überreizten Kulturverhältnissen die Verwechslung von links und rechts in furchtbarer Weise um sich gegriffen hat. Wer gern eine Regel hätte, mag sich an folgendes halten und dementsprechend handeln: Alles, was an der Tafel gereicht wird, muß mit der rechten Hand an die linke Seite der Personen gehalten werden; von der rechten Seite nimmt man mit der linken Hand die Teller, mit der rechten die Bestecke ab, aber nur, wenn sie an der rechten Seite liegen; sollten sie zum Teil auf der linken Seite liegen, muß man herumgehen und sich hüten, an einer Person vorüberzugreifen oder gar Bestecke auf den Teller zu legen. Überhaupt darf man niemals etwas auf der Tafel selbst ineinanderstellen, weder links noch rechts. Und alles, was man außer den Speisen zu reichen hat, darf nie mit der Hand, sondern muß immer auf einem Tablett dargeboten werden, und zwar nicht von rechts, sondern von links. – Es gibt eine Reihe weiterer Handhabungen, die auch sehr hübsch sind, aber sie gehören zu den allergrößten Ausnahmen.

Lippen

Für eine ausführliche Darstellung dieser Gesichtspartie wäre der Raum einer Broschüre erforderlich. Ausdrücklich sei deshalb auf die von mir verfaßte Schrift *Die Oberfläche des Menschen* verwiesen. Auf jeden Fall gewöhne man sich daran, Form und Spiel der Lippen zu beobachten. Vielleicht treten schon in den nächsten Tagen Charakterzüge in Erscheinung, die Sie erschrecken werden. Wie wohltuend wirkt ein Lippenpaar, aus dem angenehme Worte kommen: nicht zu dick, aber auch nicht zu dünn. Eine wulstig herunterhängende Unterlippe verrät eine schmierige Sinnlichkeit, die derart ausarten wird, daß es uns schwerfallen würde, die Ausmaße an Wollust und Gier zu beschreiben. Wir unterlassen es ohnehin. Wir unterlassen es auch, die Worte zu schildern, die solche Lippen verlassen. Schöner dagegen sind volle Lippen mit einer die Sinne bestrickenden Rötung. Sie lieben es, Zartheiten mitzuteilen, ohne grob auszuarten. Ein solcher Mund wird nur wohlklingende Worte formen, wie *Männergesang, Kollophonium, Geigenstrich*.

Loch

Wir bohren ein Loch in unseren Fensterladen, wie das bereits vor mehr als vierhundert Jahren der berühmte Leonardo da Vinci tat. Wenn nun der Lichtstrahl durch dieses Loch auf die Wand fällt, dann sehen wir dort ein deutlich verkleinertes Bild der Häuser und Bäume. Das sind die Tatsachen, die durch kein auch noch so geschicktes Hinwegsehen aus der Welt zu schaffen sind.

Loch, schwarzes

Tief aus dem Weltraum kommt *ETWAS* näher, und es kommt schneller, als wir bisher angenommen haben. Es ist das *Schwarze Loch*. Collunder, der die letzten Wochen nahezu ununterbrochen an seinem Teleskop verbracht hat, liefert immer mehr neue Beweise für seine Existenz. Es nähert sich, sagt Collunder, der Milchstraße. Mit gigantischer Kraft saugt es andere Sterne auf und läßt sie für immer in seinem Inneren verschwinden. Collunder vermutet das *Schwarze Loch* in der Galaxie *Andromeda*, nur zwei Millionen Lichtjahre von der Erde entfernt. Die Energie dieser Masse hält er für nahezu unermeßlich. Ganze Planeten werden mit einer Geschwindigkeit von 1,4 Millionen Stundenkilometern ins schwarze Nichts gelutscht. Weg sind sie. Eines Tages wird es die Erde verschlucken. Collunder kündigt noch etwas an: Zwischen dem 16. und 21. Juli stoßen Trümmer des Kometen Shoemaker-Levi auf den Planeten Jupiter. Der Planet dreht sich und wir sehen schon zehn Minuten später riesige Explosions-Pilze. Ihre Sprengkraft ist zwanzigtausend mal größer als alle auf der Erde vorhandenen Atomwaffen. Ich bin fest davon überzeugt, daß wir früher oder später unbeschadet aus dieser Lage herauskommen. Aber nehmen wir an, wir kämen nicht heraus, dann wäre das auch nicht so schlimm, dann würden wir in dieser Lage bleiben, die ja gar nicht so übel ist. Allerdings man müßte es wenigstens wissen. Jedenfalls ist es ein schönes Gefühl, daß uns hier keiner die Laune verderben kann. Was mich betrifft, ich wünsche eine Gute Nacht. Ich will diese Lage erst einmal vergessen.

Mädchenschullehrer

Man behauptet, daß Mädchenschullehrer durch die Einatmung des Mädchenduftes älter würden, als Knabenschullehrer, weil die Einatmung des Mädchenduftes zuträglicher sei, als die des Knabendunstes. Außerdem hat der Dichter Goethe, den ich bereits in einem anderen Artikel erwähnt habe, in seinem Theaterstück *Faust* die berauschende Wirkung des weiblichen Dunstkreises auf Männer hervorgehoben.

Mann

Der Mann kommt mit dem Leben schon früh in Berührung. Er schlägt die Beamtenlaufbahn ein, er widmet sich den Wissenschaften, er wird Seemann oder gar Kaufmann. Mit Sicherheit sind die Kreise, in die er hinaustritt, von den häuslichen Kreisen ziemlich verschieden. Es kommt vor, daß er den Ton, der ihn am Tage umgibt, in die abendlich freundlich und rund um den Tisch sitzende Familie hineinträgt und damit Anlaß zu kleinen Empörungen gibt oder vorübergehenden Verstimmungen. Dieses Einschleppen der Geschäftswelt in den Hausfrieden kann unbeabsichtigt geschehen, unbemerkt, ganz langsam vielleicht. Doch auf jeden Fall handelt es sich um ein

M

schweres Problem, von dessen exakter Lösung wir noch außerordentlich weit entfernt sind.

Mann, dritter

Es ist unangenehm, wenn man beim Eintritt in eine Gesellschaft, die nicht etwa ausdrücklich zur Ausübung des Skatspiels zusammengekommen ist, sofort an den Tisch geschleppt wird, an dem zwei Männer auf einen dritten warten. Wenn man bedauert, nicht teilnehmen zu können, weil man das Spiel nicht kennt, wird man mit Achselzucken entlassen, um nun im günstigsten Fall mit den Damen zu plaudern, bis man das Zeichen zum Essen hört. Gehen wir davon aus, daß die Unterhaltung beim Essen lebhaft und allgemein ist; es werden allerlei wirklich bedeutsame Fragen besprochen, und man beginnt, sich für die verlorene Zeit entschädigt zu fühlen. Aber kaum ist der letzte Bissen verschwunden, beginnt schon wieder die Suche nach einem dritten Mann. Vielleicht gelingt es uns ja, in diesem Moment das Haus zu verlassen.

Mensch

Leider muß ich bekanntgeben, daß der fertige Mensch bei einem durchschnittlichen Körpergewicht von 150 Pfund fast 106 Pfund Wasser mit sich herumschleppt, was für die lebende Menschheit ein betrüblicher Gedanke sein muß, aber auch als Entschuldigung für die Gestalten gelten mag, die wir vor unseren Fenstern dahinschleichen sehen. Von den 44 Pfund fester Bestandteile fallen 9 Pfund auf die Knochen. In den 25 Pfund Blut, das sie am Leben erhält, befinden sich nur 6 Pfund feste Teile, etwas Eisen, Schwefel, Kiesel und andere Gebilde. – Wenn sich übrigens die Damen unangenehm berührt fühlen sollten, daß sie aus Nähnadeln, Streichhölzern und Ruß zusammengesetzt sind, so kann ich hinzufügen, daß das Gesagte auf sie in gar keinem Fall zutrifft; die Damen nehme ich aus. Sie gehören in ein ganz anderes Kapitel.

Mitternacht

Kurz nach Mitternacht erschien ein nackter Mann aus Mol in einem Hotel im mondlosen Olm und erklärte, überfallen worden zu sein. Irgendwo habe man ihm die Brieftasche, die Uhr, die Wohungsschlüssel, seinen Schirm, seine Schuhe sowie sein Auto geraubt, seine Kleidungsstücke, die Brille, die Ausweispapiere und seinen Hut. Er gab an, sich überhaupt nicht mehr an den Vorfall erinnern zu können, zu eventuellen Tätern oder dem Tatort konnte er keine Angaben machen.

Mops

Der Mops ist durch geistige Versinkung entstanden und kann sich begreiflicherweise durch sich selbst nicht erheben. Er erfaßt den Menschen nicht und der Mensch nicht ihn.

Müllern

Die Vornahme gymnastischer Übungen ohne Apparat nach dem Vorgang des Dänen Müller, die täglich morgens unbekleidet 15 Minuten lang ausgeführt und in der Mitte durch ein Bad unterbrochen werden sollen, nennt man *Müllern*. Sie bezwecken die Kräftigung besonders der Rumpfmuskeln, die Anregung der Tätigkeiten der Haut und der inneren Organe. Müller hatte mehrere andere Systeme erfolglos an sich versucht, darauf sein eigenes ersonnen und sich mit seiner Hilfe ungemein gekräftigt. Wiederholt sind durch das Müllern ernste Erkrankungen an Herz und Unterleibsorganen verursacht worden, deshalb empfehlen wir es nicht. Inzwischen versteht man unter *Müllern* oft nichts weiter als gewöhnliche apparatelose gymnastische Übungen: also eigentlich gar nichts.

Mundhöhle

In der Mundhöhle liegen die Zähne, die Zunge und die Ausführungsgänge der Speicheldrüse. In ihr spielt sich der erste Akt der Verdauung ab: die Zerkleinerung, die Einspeichelung und Formung der Schluckbissen. Und nun zum Schlund. Doch ich will gar nicht versuchen, zu beschreiben, wie ein

Schlund bei genauer Besichtigung aussieht, deshalb wende ich mich zu den Zähnen, vor allem den künstlichen Zähnen. Es muß darauf hingewirkt werden, daß die künstlichen Zähne schön, aber nicht zu schön ausfallen, damit nicht jeder hereintretende Mensch beim ersten Ausblick ausruft: *Was haben Sie nur für schöne künstliche Zähne.* Ein wirkliches Kauen ist mit künstlichen Zähnen übrigens nur im beschränkten Umfang möglich. Deshalb rede ich nicht vom Kauen. Ich hoffe, der Leser ist einverstanden mit dieser Entscheidung.

Nacht

Die Maus bewohnt alle Gegenden der Welt und ist in jeder Weise geeignet, den Menschen zu quälen. Ihre gewandten Bewegungen, ihre Zierlichkeit, ihr ansprechendes Wesen darf uns nicht täuschen. Gewiß, sie springt ziemlich weit und wenn sie ruhig sitzt, macht sie einen ganz hübschen Eindruck, sie ist ein bezauberndes Tier, wenn sie sich auf den Hinterbeinen aufrichtet, ein wahrer Liebling, wenn sie in Zimmern erscheint, in denen Musik ertönt. Eigentlichen Nutzen gewährt die Maus jedoch nie, denn wenn man auch manchmal den Pelz benutzt oder das Fleisch verzehrt, so kommt beides doch nicht in Betracht gegen den außerordentlichen Schaden, den sie in ihrer Gesamtheit durch einfaches Wegfressen anrichtet. Ihre hauptsächliche Schädlichkeit beruht aber im abscheulichen Zernagen wertvoller Gegenstände; sie tut es aus bloßem Übermut, aus dem Behagen am Nagen heraus. Die Nacht, vorzugsweise die Zeit von der Abenddämmerung bis zum langsam erscheinenden Morgen, verbringt sie hüpfend und kratzend dahinlaufend, pfeifend, nein, schreiend, in Wirklichkeit schreiend. In einer einzigen Mondscheinnacht will Lemm über ein Dutzend solcher Gestalten gesehen haben, mit großen Augen, mit zarten schuppenbedeckten Schwänzen, die einen sehr angenehmen Eindruck machen; freilich nur bis zu dem Augenblick, in dem wir die Qualen erkennen, die uns die Maus bereitet, in weiten baumleeren Feldern, an Waldrändern, in Kellern und Kammern, in Ritzen und Winkeln, in allen Verstecken der Welt. Wahrscheinlich gibt es gegenwärtig nur wenige Orte, wo die Maus fehlt.

Nachtmütze

Herr L, ein Verkäufer aus sehr reicher Familie, bekam mit fünf Jahren die erste Erektion, als er einen älteren Mann eine Nachtmütze aufsetzen sah. Die gleiche Wirkung trat ein, als er später einmal die alte Nachbarin eine Nachtmütze aufsetzen sah. Später genügte zur Erektion die bloße Vorstellung eines alten, mit einer Nachtmütze bedeckten Frauenkopfes. Der Anblick einer Haube oder eines nackten Hutes auf einem Körper ließ ihn kalt, nur die Berührung einer Nachtmütze rief Erektion, zuweilen auch Ejakulation hervor. In der Hochzeitsnacht blieb Herr L unerregbar, bis er in seiner Not das Erinnerungsbild des alten, mit einer Nachtmütze bedeckten Kopfes zu Hilfe nahm. Der Beischlaf gelang sofort. In der Folge griff er ständig zu diesem Mittel. So verging auch das. Beim Hinausschauen aus dem Fenster klagte er über Schwindelanfälle und tiefe Gemütsverstimmungen, ab und zu litt er an nächtlichen schreckhaften Zuständen. L ist ein hübscher, geistreicher Mensch mit tadellosen Manieren. Bei vollkommen feststehendem Körper bewegt er zuweilen den Kopf mit der Nachtmütze, ohne sich viel um die Folgen zu kümmern. Die Wirkung ist ihm inzwischen recht gleichgültig; deshalb werden wir diesen Fall so diskret wie möglich beenden.

Natur

Die Natur ist ganz ungeheuer schamlos. Es vergeht keine Sekunde, in der sie nicht sämtliche Regeln des Anstands und guten Geschmacks verletzt und zwar durchaus nicht in böser Absicht, eher auf angenehm unangenehme Weise. Erfreulich sind aber die Folgen nicht immer.

Nervosität

Es besteht kein Zweifel, daß manche Menschen keine Ahnung von der Nervosität haben. Es gibt aber wenige, die nicht von den quälenden Krankheitserscheinungen, dem stürmischen Herzklopfen, den ohnmächtigen Anwandlungen, der großen Beängstigung, dem Flimmern und Klingen, dem Schwindel, dem bohrenden Kopfschmerz, den Hitze- und Kältegefühlen und den verschiedenartigsten trüben Gemütsstimmungen früher oder später zum Doktor getrieben werden. Sie werden zusammengedrückt von den Einflüssen der Außenwelt; sie fühlen sich von Schwermut umwickelt; sie beklagen die Unruhe, die sie fortwährend fühlen, die Unruhe, die es ihnen unmöglich macht, die Glieder still zu halten oder eine bestimmte längere Zeit einzunehmen; nachts durchwandern sie ruhelos die Räume, am Tage werden sie ins Freie getrieben durch die Unruhe, der sie durch Ruhelosigkeit zu entgehen suchen. – Eine Behandlung ist in der Regel nicht möglich, oder vielmehr: nicht nötig, nicht nötig.

Nichts

Nichts ist das Gegenteil von Etwas. So wie das Loch das Gegenteil von etwas anderem ist, das wir jetzt nicht beschreiben müssen. Nichts ist das Loch in den Worten. Öffnen Sie den Mund so weit wie möglich, vergessen Sie nicht, sich Mühe zu geben, ihn ganz aufzumachen, und nun sagen Sie NICHTS.

Noll

Auf meinen vielen durch die größten Teile der Welt führenden Reisen habe ich mich bemüht, die Tierwelt kennenzulernen. Ich darf daher über ihr Vorkommen, ihre Lebensbedingungen und Lebensverhältnisse aus eigener Anschauung reden. Beispielsweise über den Noll. Es läßt sich nicht allzu viel über den Noll sagen. Über seine Körperbeschaffenheit ist man sich bis heute nicht einig. Collunder berichtet von einem dicken weichen eher rundlichen Körper, Wobser und Lemm von einem länglichen zähen kratzdünnen. Der langgestreckte, mit Haaren, Borsten oder Schuppen bedeckte Leib, meint Collunder, ruhe auf niedrigen starken Beinen; der Hals sei kurz, dick und ein wenig beweglich, der Kopf lang, die Schnauze walzenförmig, der Schwanz lang und behaart. Rach hält ihn für kahl kurz schlaff, mehr oder minder stumpf und mit Schuppen bedeckt. Die Meinungen gehen, wie man sieht, auseinander. Der Noll macht selten Geräusche, und wenn er einen Ton hören läßt, dann ist es ein einfaches Schreien, ein Schreien freilich von ganz entsetzlicher Stärke. Ein guter Beobachter, Nagelschmitz, besaß ein lebendes Exemplar und bemerkte, daß es, wenn es erregt war, die Lippen trichterförmig vorstreckte, Luft in die Kehlsäcke blies und schrie. Es schrie, schrieb Nagelschmitz, so laut und ausführlich, daß er es schließlich erschlagen mußte. Collunder behauptet dagegen, er habe niemals Töne vernommen. Bei Tage hörte er allenfalls ein tiefes gähnendes Seufzen. Beim Gehen oder beim Humpeln schreit der Noll nicht, sagt Lemm. Der Kopf ist auf die Brust herabgebogen, nicht selten aber faßt das Tier mit den Krallen des einen Fußes den anderen Oberarm oder Schenkel und verschlingt sich damit in eigentümlicher Weise selbst.

Nonnengeräusch

Das Nonnengeräusch ist ein besonders am Hals, seltener am Arm oder Oberschenkel hörbares sausendes oder summendes Geräusch, das fast ausschließlich bei blutarmen Personen vorkommt und in den großen Venen durch den Lauf des Blutes entstehen soll. Ein ähnliches Geräusch ist das Uterusgeräusch, das bei manchen Frauen in den ausgedehnten Gefäßen der schwangeren Gebärmutter oder des Mutterkuchens zustande kommt und hier gehört wird. Täuschungen will ich an dieser Stelle nicht ausschließen.

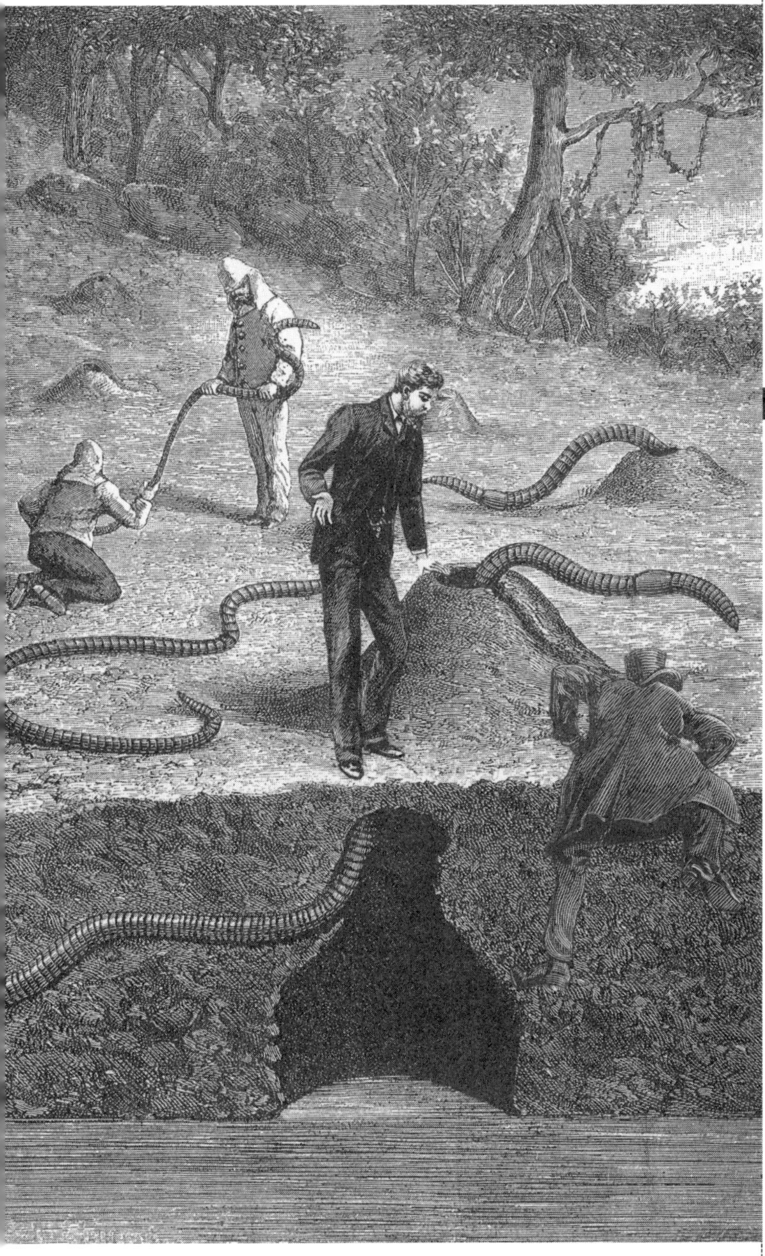

N

Ordnung

Siehe: *Unordnung*

Paarung

Nicht zu Unrecht erklärt man die Vorgänge des geschlechtlichen Lebens gern am Beispiel der Schmetterlinge. Der englische Forscher Fisher beobachtete einmal ein Schmetterlingsmännchen bei der Paarung. Sie begann am Nachmittag gegen 17 Uhr, dauerte die ganze folgende Nacht, bis sie schließlich um 9 Uhr morgens, also nach sechzehn Stunden, beendet war. Das sind 4,8 Prozent der gesamten Lebenszeit eines Schmetterlingsmännchens und würde, auf den Menschen berechnet, bedeuten, daß ein einziger geschlechtlicher Verkehr 177 Wochen oder 3,4 Jahre dauern müßte. In dieser Nachricht ist eigentlich alles enthalten, was wir bisher befürchtet haben.

Papier

Eine Papiermasse von ungeheurer Haltbarkeit ist in Amerika hergestellt worden. Man fertigte aus ihr inzwischen Eisenbahnräder an, die auch auf deutschen Bahnen mit schönem Erfolg verwendet werden; jedenfalls sind die ersten Versuche recht ordentlich ausgegangen. In Chicago hat man die Absicht, aus Papiermasse hergestellte Eisenbahnschienen versuchsweise in Gebrauch zu nehmen. Ferner werden die Kuppeln des Observatoriums in New York und möglicherweise auch ein Schornstein in Albany aus der betreffenden Masse hergestellt. – Ähnliche Nachrichten hört man in letzter Zeit von Kartoffelfasern, die man zumindest zur Herstellung von Knöpfen und Broschen verwenden will.

Pause

Nach jedem Satz macht man eine kleine Pause. Diese Pause dient dem Hörer zur Sammlung, dem Redner zur Erholung, zum Überlegen und zum Atmen. Der Redner darf nicht nach dem Bedürfnis seines Körpers Atem holen, sondern in den Pausen, die der Vortrag ermöglicht. Deshalb muß der Redner mit der aufgespeicherten Luft sparsam umgehen. Bei gewöhnlichen Reden ist das nicht weiter schwierig, denn es sind genug Pausen zum Atemholen vorhanden. Beim Vortrag erregter leidenschaftlicher Szenen muß allerdings das Atemholen sorgfältig ausprobiert werden.

Pelzmäntel

Für den gewöhnlichen Gebrauch sollte der heutige Mensch Kleider tragen, die seinen Körper nicht schwächen. Das Gegenteil davon tun die Pelzmäntel, die zwischen sich und der Haut des Menschen einen beständigen Dunst erzeugen, der nicht durch das Leder hindurchdringen kann, folglich wird vieles von der Menschenhaut eingesogen, der Körper wird schwammig und naß, fett und porös, neigt zu Rheumatismus, Nymphomanie, Ratlosigkeit und erhöht alle ohnehin vorhandenen Gefahren, in denen er sich täglich befindet. Einige Leser halten das womöglich für ungewöhnlich. Ich nicht.

Pferdefehler

Mähnengrind, Aderkropf, Knieschwamm, Knollhuf, Dampfrinne, Blutspat, Karpfenrücken, Nasenausfluß, alter Weiberkopf und hängende Unterlippe sind Pferdefehler, auf die man beim Kauf zu achten hat.

Pfiff

Wenn wir die Lippen spitzen, so daß eine kleine runde Öffnung entsteht, und wenn wir durch diese kleine runde Öffnung Luft blasen, so steigt eine dünne stabförmige Luftsäule empor, die ihrer ganzen Länge nach von den Lippen gerieben wird. Es gibt noch eine Anzahl weiterer Arten zu pfeifen, die auch sehr hübsch sind.

Pilze

Überall wachsen Pilze. Von den Fingern gelangen die Pilze auf den behaarten Kopf und ins Ohr. Aus dem Mund und dem Rachen gelangen Pilze in die Luftwege. Verschluckte Pilze gelangen in Speiseröhre, Magen und Darm. Darmpilze gelangen über die Unterwäsche in den Genitalbereich. Aus dem Genitalbereich gelangen Pilze an Oberschenkel und Füße. Fußpilze gelangen in die Mundhöhle und werden zu Speichelpilzen. Die Verwirrung ist groß. Unter diesen Umständen ist eine weitere Schilderung unmöglich. Wir kämen mit ihr in die Randgebiete der Pflanzenwelt, in das schwierige Kapitel der Natur und damit fast an die Grenze der tatsächlichen Ereignisse.

Poren

Unsere Häuser sind porös. Die Luft streicht durch unsere Stuben, auch wenn die Fenster geschlossen sind. Es sind viele Körper porös, von denen wir es nicht glauben wollen; auch das Meer ist porös, denn allein durch die Annahme von Poren läßt sich erklären, daß aus dem Meer, wenn es erwärmt wird, Luft entweicht; also ist auch das Meer porös; die ganze Welt ist porös, das Wasser, das Haus, der Himmel, alles porös.

Prügelstuhl

In Amerika hat die Rutenstrafe eine Vollkommenheit erlangt, wie man sie bisher nicht kannte. Die Leitung der Haushaltsschule in Denver hat einen elektrisch betriebenen Flagellationsapparat eingeführt, der die Form eines Stuhles hat, in dem der Sitz fehlt. Das straffällige Mädchen hat sich, nachdem sie vorher das entfernt hat, was man sich denken kann, auf den Stuhl zu setzen, der so konstruiert ist, daß vier unterhalb desselben befindliche Ruten eine mehr oder weniger schnelle Rotationsbewegung ausführen können, ganz nach dem Willen dessen, der die Maschine bedient. Diese Ruten haben den Vorteil, eine regelmäßige Arbeit leisten zu können, ohne dem Operateur Anstrengung zu verursachen. Mit einem Wort: der Operateur braucht nur auf den Knopf zu drücken, alles übrige besorgt der Prügelstuhl. Der Direktor der Schule bestätigte uns, daß die Prügelmaschine dieselbe Genugtuung verschaffe wie die Vornahme einer Tracht Prügel, und das alles ohne Ermüdung auf seiten des Lehrers. Auch die Eltern seien von dieser neuen Züchtigungsart beeindruckt.

Radfahrordnung

Collunder wurde bei einem Aufenthalt in Paris auf das Radfahren aufmerksam gemacht. Mit Erstaunen sah er die ungeheure Verbreitung und erkannte sofort die Bedeutung, die dem Fahrrad als universellem Verkehrsmittel zukommt. Das in Paris gebotene Beispiel erweckte in ihm die Lust zur Nachahmung. Kurz entschlossen erwarb er eine Maschine und erlernte das Radfahren, zu dessen begeisterten Anhängern er von nun an zählte. Vor kurzem besuchte er Frankfurt und benutzte diese Gelegenheit zu einem Besuch bei seinem Kollegen Lemm. Hier erzählte er die Geschichte seiner Bekehrung zum Radsport und befand sich bald in einer lebhaften Unterhaltung mit Lemm, in welcher Collunder nachdrücklichst seine hohe Meinung vom Wert des Radfahrens in seinen verschiedenen Verwendungsarten äußerte. Collunder vertauschte die in Paris gekaufte Maschine gegen Lemms deutsches Fabrikat und machte sogleich die Bekanntschaft mit der Radfahrordnung, die Collunder, der die Pariser Verhältnisse noch im Gedächtnis hatte, ganz unfaßbar vorkam. Er setzte sich deshalb kühn über alle Verbote hinweg, fuhr unbehelligt zu seinem Hotel, verabschiedete sich auf das freundlichste von Lemm und lud ihn zu einem Besuch nach Berlin ein. Collunder ist seither ein ganz entschiedener Gegner aller Beschränkungen des Radfahrens und hat uns versprochen, im Landtag auf das energischste zugunsten einer neuen, in ganz Europa gültigen Radfahrordnung aufzutreten.

Ratlosigkeit

Ein unbekanntes scharfes Licht verbreitet Tranchirer über zahllose, beinahe sämtliche Rätsel, vor denen unsere Leser bis jetzt hilflos und ratlos gestanden haben. Seine Grundidee ist so einleuchtend, daß sie jeder verstehen kann. Er hat den festen unerschütterlichen Boden geschaffen. Er hat den Kernpunkt ausgeschält, um den es sich bei allen oder wenigstens den meisten Fragen handelt. Diese Behauptung, die wir dem englischen Herren-Magazin *cylinder* entnehmen, mag gewagt erscheinen, und doch kann sie jeder an sich selbst erproben, der nach dem vorliegenden Buch seine Verhältnisse ordnet. Ratlosigkeit, die andere zur Verzweiflung treibt, zum Wahnsinn, zum Selbstmord, stört ihn nicht. Er bewahrt seine volle Ruhe. Hiermit lenke ich nicht zum ersten Mal die Aufmerksamkeit auf diesen furchtbaren öffentlichen Gegenstand: die Ratlosigkeit.

Ratte

Im Stadttheater von Richmond, Virginia, kam es vor kurzem zu einer Verwirrung, die ein solches Ausmaß annahm, daß man vermuten konnte, ein Feuer sei ausgebrochen, und doch war die Ursache ebenso unschuldig wie ungefährlich. Als der Tenor zu singen begann, erschien plötzlich eine gewaltige Ratte, die den Tenor, der die Sopranistin ansang, ansprang. Die Sopranistin fiel sogleich, während der Tenor sein Singen fortsetzte, in Ohnmacht, der Baß lief, anstatt seinen Degen zu ziehen, singend davon, die Ratte sprang von der Bühne herab ins Orchester, dem Schläger der großen Trommel geradewegs in den Schoß. Der Schläger schlug mit dem Schlegel um sich, worauf die Ratte flüchtend den übrigen Musikern zwischen die

Beine lief, diese warfen nun ihrerseits die Instrumente von sich und bestiegen die Stühle, während die Ratte über die Brüstung, also aus dem Orchestergraben hinaus ins Parkett sprang, unter die Damen. Die nun folgenden Szenen übertreffen alles, was wir soeben geschildert haben, bei weitem. Diejenigen Damen, die nicht in Ohnmacht fielen, preßten die Kleider fest an den Leib und kletterten auf die Sitze, die Herren benahmen sich auch nicht viel besser, die meisten nahmen Reißaus. Die Panik wurde schließlich so groß, daß man sich gezwungen sah, die Nottüren aufzureißen. Einer der Anwesenden zog endlich einen Revolver, um dem Vorfall ein Ende zu machen, worauf sich alles beruhigte und die unterbrochene Vorstellung fortgesetzt werden konnte.

Raum

Das Loch, in dem sich alles abspielt, wovon wir reden, in dem sich alle sichtbaren Körper befinden, auch wir, auch die Leser, die Köpfe und die Körper der Leser, die Hände, die Füße der Leser, die dunklen Besucher der Leser; das alles nennt man *Raum*. Wir können den Raum nicht erklären, selbst wenn wir es wollten. Aber wir können ihn auch nicht einfach wegdenken, fort und davon; denn er ist nötig: für uns, unser Buch, für die Leser, für die dunklen Besucher der Leser. Ohne den Raum wären wir gar nicht hier. Dieser Raum, von dem wir reden, ist nach allen Seiten hin unbegrenzt. Auch wenn das gerade da, wo wir jetzt sind, in diesem gemütlichen Zimmer, nicht der Fall zu sein scheint. Denn wir sehen die Wände, wir sehen die Schränke, wir sehen die Türen, und vor diesen Türen sehen wir den Gang und in diesem Gang den kleinen Schirmständer, und wir sehen die schwarzen Hüte in der Luft und die Köpfe in diesen Hüten und die Körper unter den Köpfen, und wir sehen die Schuhe, mit denen die Körper den Boden berühren, den Fußboden, die Unterlage unseres täglichen Lebens. Wir sehen das alles. Das also kann, meinen wir, nicht der Raum sein, von dem wir reden. Nun sehen wir aus dem Fenster, natürlich, wir sehen hinauf in die leere Luft. Es ist nichts da als die Luft. Nach allen Richtungen hin können wir uns eine Bewegung ohne Aufhören denken, so daß der Raum grenzenlos ist und nirgendwo endet. Wir können gehen, so lange wir wollen und weiter, und selbst wenn wir nicht mehr wollen, gehen wir immer noch weiter, ohne das Ende zu sehen. Wir gehen und gehen und kommen nirgendwo an. Wir kommen an nichts vorbei, wir sagen nichts und wir hören nichts. Und sehen können wir auch nichts. Der Raum, in dem wir uns schweigend bewegen, besteht nicht aus Lärm, er besteht nicht aus einzelnen voneinander getrennten Räumen, wie unsere Wohnung; sondern da, wo der eine Raum aufhört, fängt, ohne daß wir es groß bemerken, ein neuer Raum an. In diesem unendlich großen Raum denken wir uns in diesem Moment, jetzt, einen ganz kleinen Körper. Dieser kleine geräuschlose Körper ist vom übrigen Raum durch seine Haut abgegrenzt. Wir stellen uns also zum Beispiel einen kleinen Kasten vor, einen Zigarrenkasten, der in einem unendlich großen Raum steht; wir haben dann immer noch keine Vorstellung von dem, was ich meine. Oder wir setzen uns selber in diesen Raum, ganz allein, in eine riesige Schwärze, in eine riesige Luftlosigkeit, kein Wind, kein Licht, keine Wände, keine Schränke und keine Türen, keine dunklen Besucher mit Hüten und schweren Zigarren; nur *wir* und sonst nichts: was für eine unvergleichliche Vorstellung.

Regen

Der Regen fällt ganz langsam und still herunter; man kann ohne Mühe durch ihn hindurchschauen. Und wenn man auch kein Dichter ist, so ist es doch hübsch, ein wenig über das Herabfallen zu schreiben; er ist so leicht, so ungefährlich, es ist nicht anzunehmen, daß er uns auf den Kopf schlägt; allenfalls betupft er unseren Kopf oder er besprüht ihn, mehr aber gewiß nicht.

Reibungslaute

Bei den Reibungslauten ist die Schließung des Mundes locker, so daß die Luft, wenn auch nur mühsam, sich reibend hindurchdrängen kann. Oft ist die Schließung des Mundes so fest, daß der Luftstrom für einen Moment unterbrochen wird. Man könnte darüber noch lange reden, aber die Schließung des Mundes verbietet jedes weitere Wort.

Riesenschwalm

Der Schlaf des Riesenschwalms ist so tief, daß man mit Stöcken nach ihm schlagen kann, ohne daß er sich rührt. Gelingt es uns wirklich einmal, ihn aufzuwecken, dann fällt der Schwalm schwer, wie bewußtlos einfach hinab auf den nächsten Ast und versinkt schon wieder in seinem Schlaf. Das ist die Regel. Ausnahmsweise kommt es auch vor, daß ein Schwalm bei Tag eine kleine Strecke durchfliegt, etwa von hier bis da. Im Schlafen brummt er.

Roman

Für einen ziemlich geringen Preis können wir das Gespenst der Armut vertreiben und uns in die ideale Welt erheben; wir können uns leicht Erheiterung, Rührung, Erleuchtung, Läuterung, Trost, Bildung und Stärkung verschaffen; behauptet Klomm. Der Roman ist also, wenn ich Klomm recht verstehe, ein Vertreibungsmittel. Den Nachteil, den das Lesen von weichen Romanen auf Augen, Drüsen und auf das Gemüt hat, läßt er allerdings unbesprochen. Verwöhnt durch ihre bequeme Lektüre schrecken, sagt Lemm, Romanleser vor Büchern, die zu denken geben, zurück, überhaupt vor dem Denken. Zusammenfassend glaubt Lemm sagen zu können: *Das Romanlesen schadet nicht viel, aber es nützt auch nichts.* Ich mische mich in diesen Artikel über Vertreibungsmittel nicht ein.

Rumpf

Das Vor- und Hinterbeugen des Rumpfes kann mit oder ohne Widerstand des Patienten, wenn es am Platze ist, zehn- bis zwanzigmal täglich ausgeführt werden. Eventuell kann man es auch ohne fremde Hilfe, allein sitzend oder in stehender Stellung ausführen. Diese Bewegung ist von sehr günstiger Wirkung.

Schlafbewegungen

Später werden wir ausführlicher vom Pflanzenleben sprechen müssen, von Pflanzen mit zerschlitzten Blattzipfelspießen, von sonderbar zusammengedrückten Gewächsen, von steifen Pflanzen, die sich aus dem Boden herauspressen, von zähfleischigen Stengeln mit äußerst zarter und verletzbarer Haut oder von der Haut der schrotsägeförmig gelappten Blätter auf dem mageren Boden, steif stehend, kratzend herauswachsend, bei Wind knisternd oder sogar knarrend. Aber bevor wir vom Pflanzenleben sprechen, sprechen wir von den *Schlafbewegungen*. – Vor einigen Jahren ist durch die Forschungen und Versuche von Collunder unzweifelhaft bewiesen worden, daß viele, wenn auch nicht alle Pflanzen durch ihre mit Gelenken versehenen Blütenblätter sogenannte Schlafbewegungen ausführen. Es handelt sich dabei um Schließ- und Öffnungsbewegungen, um ein schläfriges Senken und Heben der Blätter, ein Schrumpfen und Anschwellen der Blattflächen. Der tiefe Schlaf, die sogenannte Dunkelstarre, ist, wie Collunder behauptet, eine Erschöpfungszeit. Später werden wir noch ausführlicher von den Schlafbewegungen sprechen müssen und dabei besonders über die dunklen Beispiele aus dem Menschenleben.

Schlundrohr

Es ist wenigen Menschen bekannt, wo das Schlundrohr endet. Es zieht sich lang wie ein Darm durch den Körper, durchläuft, in einer gewaltigen Anschwellung, die ganze Person und ist überhaupt das rätselhafteste Ding auf der Welt.

Schmelzen

Nachdem wir uns eine Weile mit der Kälte und ihrer Wirkung beschäftigt haben, gehen wir zu den behaglicheren Daseinsbedingungen über und sehen, was die Erwärmung für Folgen hat. Zunächst vermag sie feste Körper in flüssigen Zustand zu überführen, ein Vorgang, den man als *Schmelzen* bezeichnet. Es gibt schwer schmelzbare Körper und andere, die ganz leicht schmelzen und flüssig werden und davonfließen, in den nächsten Artikel hinein, in dem es um andere Dinge geht als um das Schmelzen.

Skatspiel

Wobser hat jüngst einen sehr beachtenswerten Aufsatz über die Beeinträchtigung des Familienlebens durch die überhandnehmenden Besuche von Gastwirtschaften veröffentlicht. Es ist angebracht, in diesem Zusammenhang auf einen anderen Umstand hinzuweisen, der die Geselligkeit ebenso beschädigt. Gemeint ist die ungeheure Ausdehnung, die in den letzten Jahren das Skatspiel gewonnen hat. Wenn der Abend beginnt, sucht man ein Bräu auf, in dem man sicher ist, einige gute Bekannte zu treffen. Die Unterhaltung dreht sich bald um die neue Literatur, dann um eine wichtige Entdeckung auf medizinischem Gebiet. Plötzlich läßt einer der Anwesenden das Wort Skat fallen, und alle verlangen sofort die Karten. – Man bedenke, welche Fülle von Worten unter dem Einfluß des Skatspiels unausgesprochen bleibt. Das schlimmste ist, daß sich das Vergnügen an Worten selbst bei denen, die Worte haben, allmählich verliert. Es ist heute tatsächlich so weit gekommen, daß jemand Jahre hindurch mit einem anderen verkehren kann, ohne zu wissen, ob dieser Mensch Deutsch spricht oder nicht; es genügt, daß er die Karten kennt. Wobser schildert in seinen Ausführungen sehr drastisch das Unbehagen an diesen Gesellschaften, in denen man gezwungen ist, ganze Abende zwischen denselben Menschen und dem Knallen der Karten zuzubringen, ohne ein Wort über das allgemeine Leben zu hören.

Sonntagsruhe

Die Wohltat des Sonntags empfindet fast jeder; keinem aber ist sie willkommener als dem Bewohner der Großstadt, der den schweren Kampf um das Dasein kämpft, der nirgendwo grausamer ist als dort, wo die scharfe schwierige Konkurrenz die Anspannung auch der letzten Kräfte erfordert. Hamburg zum Beispiel ist, selbst sämtlichen anderen Großstädten des Kontinents gegenüber, eine besonders regsame Stadt, obwohl mir das niemand glauben will. Deshalb ist den Bewohnern die Sonntagsruhe zu gönnen. Ruhe ist allerdings nicht die beste Bezeichnung, denn der Sonntag bringt vielmehr Bewegung, und zwar die Bewegung außerordentlich vieler Menschen, und für jeden einzelnen Menschen bringt er schwere Strapazen, die die Ausnutzung des Sonntags bis auf den letzten Moment betreffen. Dazu sind Anstrengungen nötig, die uns mit Mitleid und Staunen erfüllen. Bahnen fahren gefüllt davon; Wälder werden erreicht und Wiesen. In ununterbrochener Folge brausen die Menschen dahin. Wir bewundern sie. Wir staunen über die ungeheuer gewölbten Dächer der Bahnhofshallen. Das Schreien, Jauchzen und Schmatzen ist wie das Geräusch des nassen, von Stürmen gepeitschten Meeres, das wir in wenigen Augenblicken erreichen werden. In den eisernen Wölbungen faucht es. Die Züge zittern. Aus allen Abteilen erschallt der Gesang. Alles schwirrt in großer Geschwindigkeit an uns vorbei, bis der Tag beendet ist und alles wieder an seiner Stelle. Das ist gut so.

Spiegel

Wenn ich in den Spiegel sehe, dann ist mein Gesicht zuweilen von einem rätselhaften Vergnügen in die Breite gezogen; es ist etwas Lächelndes im Gesicht; so, als würde ich von den Klängen, die ich mit dem Klavier erzeuge, tief überrascht und begeistert sein. Die aus dem Spiegel zurückgeworfene Wirklichkeit ist aber, nach Lemm, die Umkehrung der Natur, oder, nach Wobser, das Gegenteil der herrschenden Verhältnisse. Also ist davon auszugehen, daß es in Wirklichkeit ein Ausdruck des allergrößten Entsetzens ist, das mein Gesicht in die Breite zieht.

Sprache

Die Sprache dient bekanntlich zur Mitteilung von Gedanken. Wenn ich einem Menschen meine Gedanken mitteilen will, dann spreche ich zu ihm, das heißt, ich bringe Laute hervor, mit denen der Angesprochene denselben Sinn verbindet wie ich. Es ist bei den eigentümlich scharfen Ansichten, die man zuweilen über den uneingeschränkten Wert der Musik hört, möglich, daß wir die Worte, das Reden, das Benutzen von Worten in der verhältnismäßig ruhigen Welt, also das gesprochene Wort, zu unterschätzen beginnen. Wobser zum Beispiel behauptet in seiner *Ansprache über die Worte*: Die Worte sind erschöpft und ausgeblutet; nur noch die Leichen der Worte sind zurückgeblieben, ihre ausgedrückten Strünke. – Lemm findet eher, daß man die Worte in weiche Pelze gehüllt hat, so daß man sie nicht mehr fallen hört, nicht mehr herabfallen oder aufprallen hört. In meiner Schrift *Die allgemeinen Verhältnisse der Worte in der Welt*, in der ich mich vor allem mit den Unarten der Worte beschäftigt habe, mit ihrer Verdorbenheit und Fäulnis, habe ich zum Ausdruck gebracht, daß vor allem *ein* Wort in der Gegenwart an Bedeutung verliert. Dieses Wort ist sehr kurz, es reicht bei weitem nicht aus für ein ganzes Leben, das ja bekanntlich recht lang ist; und obwohl es ein großes Wort ist, muß man sagen: das Leben ist noch viel größer; immerhin ist es ein schweres Wort, seine Kraft und Dicke ist beträchtlich; ich meine, man muß dieses Wort einfach aufschneiden, dann wird das Leben aus ihm herausfließen und meine Meinung bestätigen.

Sterben

Die Auflösung unseres Körpers in seine ursprünglichen Bestandteile, das Aufhören aller Lebenserscheinungen, aller Bewegungen, Regungen, Überlegungen nennt man *Sterben*. Der Eintritt der Auflösung findet oft erst nach langem schwerem Kampf statt. Dieses Schauspiel kann man oft bei Personen betrachten, die vorzeitig sterben. Das Sterben ist erschütternd. Dennoch liegt es zum Teil in unserer Hand, uns wenigstens ein leichtes Sterben zu verschaffen. Wenn wir das begriffen haben, verliert das Sterben seinen Schrecken. Das Sterben ist inzwischen unser Freund geworden. Es ist ein Vorgang, der unsere schon müde gewordene Seele zur ewigen Ruhe geleitet. Wer viele Menschen sterben sah, gewinnt die Überzeugung, daß es gar nichts Fürchterliches, sondern eher etwas nun ja Vernünftiges ist. Es ist ein erwägenswerter Zustand. Aber nun Ende, bis zum nächsten Anfang. Das wollte ich zwar nicht sagen, aber es sieht nun einmal so aus.

Striche

Drei Männer machten zur gleichen Zeit, aber an verschiedenen Stellen der Welt, eine Entdeckung, indem sie auf die gleiche Weise etwas in gefrierendes Wasser steckten, einen Strich machten, danach etwas in siedendes Wasser steckten und noch einen Strich machten. Leider verfuhren diese drei Männer, drei Forscher, wie man sich denken kann, bei der Anbringung der Striche auf ganz unterschiedliche Weise. Deshalb wäre es wünschenswert, wenn zwei dieser drei Männer für immer verschwänden, um ausschließlich dem zurückbleibenden dritten Mann das Feld zu überlassen und das Anbringen von Strichen.

Stubenfliege

Eine männliche Stubenfliege bespringt alles, was fliegengroß, rund und dunkel ist, also etwa einen Schraubenkopf oder ein Klümpchen Dreck. Nach den Beobachtungen meines Kollegen Schöpff begattete sich ein Löwenpaar im Leipziger Tiergarten innerhalb einer Woche dreihundertsechzig Mal. Der männliche Löwe bewahre dabei durchaus seine Würde und Ruhe.

Lemm sah in Brüx einen Hund, der ein Schwein besprang. Und wiederholt, sagt Collunder, komme es vor, daß ein Pelikan sich mit einer Störchin befasse, die, um das möglich zu machen, sich platt auf den Bauch gelegt habe. Die Vereinigung der Küchenschaben geschieht, nach den Angaben Schotts, äußerst schnell, danach entfernen sie sich voneinander und verschwinden rasch in den Ritzen. Der Forscher Hamal sah im vergangenen Jahr, wie ein Fangheuschreckenweibchen dem Männchen den Kopf abfraß; ohne aber darauf zu achten verstärkte das Männchen seine Zudringlichkeit, um nach dem Abschluß dieses ausführlichen Vorgangs vollends verzehrt zu werden. Ich selbst sah rattenartige Tiere in Scharen übereinander, und niemals habe ich Zuneigung beobachtet, nur Kälte und Gleichgültigkeit und große Geschwindigkeit. Bei solchen Forschungsergebnissen sollte man für eine Weile den Atem anhalten.

Suppenteller

Man stellt einen tiefen Suppenteller auf den Tisch und hält eine Taschenuhr darüber. Ein anderer Suppenteller wird an das Ohr gehalten und zwar so, daß die von der Uhr ausgeschickten Geräusche sich in seiner Höhlung sammeln, die sie ähnlich wie ein Regenschirm zum Ohr zurückwirft. Man hört nun sehr deutlich das Ticken der Uhr, das allerdings nicht aus der Richtung zu kommen scheint, in der sich die Uhr befindet.

Taschentücher

Manche Männer zerbeißen die Taschentücher von Damen und gelangen auf diese Weise zu sexueller Erfüllung. Bevorzugt werden in vielen Fällen schmutzige Taschentücher oder gar zum Abwischen von Unsauberkeiten verwendete Taschentücher. Zu den großen Verwirrungen gehört es, wenn ein Mann, der sich zu Männern hingezogen fühlt, das Taschentuch eines anderen Mannes zerbeißt. Erstens handelt es sich hier um die Neigung zum Mann und zweitens um den Hang oder die Liebe zum Taschentuch eines Mannes, der seinerseits vielleicht die Taschentücher von Damen zerbeißt. Klomm, der, wie immer, auch dazu eine Meinung hat, berichtet folgendes: *Ein Mann liebte das Taschentuch eines anderen Mannes, der wiederum das Taschentuch einer Dame liebte. Er liebte übrigens nur das Taschentuch. Die Geschlechtsgebiete des Mannes waren ihm ebenso abstoßend, wie die Geschlechtsgebiete der Dame.* Was immer Klomm damit zum Ausdruck bringen will, wir wollen ihm dabei weder zuhören noch zustimmen.

Tatsachen

Als Sammler von Tatsachen beschreibe ich weiter nichts, als die Wirklichkeit. Meine Angaben über die Tatsachen unterscheiden sich von denen Klomms eigentlich nur durch den Gebrauch der Worte. Diese Worte sind freilich beim Publikum wenig bekannt und oft gar nicht einmal beliebt. Es ist diesen

Leuten zu umständlich, sich um Worte zu kümmern. Eine sich in die Welt ergießende riesige Wortlosigkeit hat sie ergriffen: niemand wird mehr in eine Unterhaltung verwickelt, alles schweigt, eine entsetzliche Stille breitet sich aus. Dem alltäglichen Menschen werden durch rasche Verkehrsmittel die Gelegenheiten zu unmäßigen wortlosen Ausschweifungen geboten. Wortlos wird er zwischen allen Genüssen herumgeworfen, und über die Folgen klettert er schweigend hinweg. Außerdem geht ein Großteil der Worte in Schnapsknechtschaft unter, in Tropfenlust, Pillenwut, schwerem Geheimmittelschwindel, Mundfaulheit und Tabak, an dem durchschnittlich jeder zweite Kopf raucht, schnupft und kaut. Das Geschlechtliche wird durch die Häufung schleichender Reize betroffen; aber von Worten ist auch auf diesem Gebiet nicht mehr die Rede. Die ganzen Verläufe unserer Leiden, die schwarzen Verstopfungen, grauen Migränen, donnernden Ohren und kalten Füße, die uns in furchtbarer Weise quälen, können mit Worten nicht mehr beschrieben werden. Das sind noch die allergeringsten Erscheinungen. Der große Gedanke bleibt aus; der Fortschritt in der Beziehung von Körpern und Köpfen. An dieser traurigen Lage leidet auch unser Werk; denn alle, selbst die schwersten und festgewachsenen Übel soll ich mit Worten kurieren, die man nicht mehr zur Kenntnis nimmt oder mit allergrößter Geschwindigkeit wieder vergißt. Die tiefste Wortarmut trifft man inzwischen bei den Bewohnern der Städte, deren Nerven derart erregt sind, daß selbst ganz unschuldige Vorgänge oft gewaltige Verwirrungen hervorrufen. In Gestalt von übermäßiger Stille treten Tatsachen in unser Leben, deren Ende ganz stumm ist. Aus dem Gesagten geht also deutlich hervor, daß alles ausgeklügelte gesundheitliche Verhalten überflüssig und daher verwerflich ist, wenn dafür die Worte fehlen. Da es aber keinen Sinn hat, sich über die herrschenden Zustände zu beklagen, sage ich: Der Mensch führe sein bisheriges Leben in Ruhe weiter, sofern es wenigstens gemütlich ist.

Theorie

Viele traurige Vorgänge haben bewiesen, daß das Grausen, das sie vielen Lesern einzuflößen vermag, wohl begründet sein muß. Als unser Kollege Nagelschmitz auf der Naturforscherversammlung in Olm, nachdem es ihm endlich gelungen war, die Finne eines Kaninchens im Darm eines Hundes zu einem gewaltigen Bandwurm heranzuziehen, seine Theorie mit Überzeugung und Leidenschaft vortrug, ereignete sich ein ganz unbedeutender Zwischenfall, der dennoch den Fortschritt und die Verhältnisse auf lange Zeit unterbrach. Der Fall gilt noch heute als Delikatesse, als Beispiel für die Gewalt der Theorie, ist aber nicht mehr bekannt genug, um Gegenstand allgemeiner Betrachtungen zu sein.

Töne

Der Fisch folgt entzückt dem Schiff, von dem Musik herabklingt. Der Seehund erscheint an der Oberfläche des Wassers, wenn der Fischer leise und klangvoll pfeift. Das Reitpferd wiehert beim Schmettern der hellen Trompeten. Der Bär erhebt sich beim Ton der Flöte. Der Elefant bewegt seine Beine anmutig und unterscheidet schmelzende Arien von kräftigen Märschen. Der Hund heult beim Gesang der Hausfrau und bei den Tönen aus Blaswerkzeugen. Noch auffallender verhält sich die großohrige Fledermaus, wenn sie in die Musik gerät, sie zuckt mit den Gliedern, starke Töne sind ihr entsetzlich. Die Katze hört das Geräusch, das die Maus beim Laufen verursacht und hält es für eine wunderbare Musik, sie kann das Tanzen der Maus vom Rascheln des Windes leicht unterscheiden. Alle genannten Tiere lieben Musik, doch keines von ihnen gibt eine angenehme Folge von Tönen von sich, die *wir* für Musik halten könnten; dennoch: wir lieben die Tiere, das Meer, den Tanz und die Töne.

Torten

Man lese, was über Torten zu sagen ist, in einem beliebigen anderen Werk nach; hier ist nicht der Platz, über Torten zu reden.

Traurigkeit

Siehe: *Frohsinn*

Trunkenheit

Einen durch Trinken vergifteten Menschen nennt man einen Berauschten und nimmt seinen Zustand nicht allzu schwer, weil er ja keine Seltenheit ist. In den höheren Graden der Trunkenheit wird der Berauschte mehr und mehr der Besonnenheit entrückt, er wird leidenschaftlicher, sein Bewegungstrieb steigert sich, und im ungestümen Treiben gibt er sich bald der Liebe, dem Haß, der Rache, dem Zorn, der Furcht und der Traurigkeit hin. Zuweilen sieht man ihn auch bewußtlos am Boden liegen, schnarchend, mit blaurotem Kopf oder leblos, mit schleppendem Puls. Will man ganz sicher gehen, dann berieche man seinen Mund. Bei entströmendem Schnapsgeruch nenne man den in Frage kommenden Menschen nicht gleich einen Lumpen, sondern erblicke in ihm einen Vergifteten, der von seinem Unglück vielleicht noch zu heilen ist. Man lagere ihn bequem; ist er dunkel verfärbt, dann treibe man ihn zu einem Spaziergang. Am zweiten Tag suche man sein moralisches Gefühl zu kräftigen und führe ihn in ein alkoholfreies Lokal.

Undurchdringlichkeit

Manchmal kommt es mir vor, als ob das Gesetz von der Undurchdringlichkeit der Körper wohl doch nicht ganz stimmt: Wenn ich zum Beispiel ein Glas mit Schnaps fülle und dann langsam und vorsichtig Watte hineinstopfe, müßte ja eigentlich, da angeblich dort, wo sich ein Körper befindet, nicht gleichzeitig ein anderer sein kann, der Schnaps überlaufen. Das geschieht aber nicht. Ich kann große Mengen von Watte in dieses Glas stopfen, ich kann stopfen und stopfen, ehe es überzulaufen beginnt. Warum das so ist, ist mir leider nicht mehr bekannt.

Unordnung

Siehe: *Ordnung*

Untergrundbahn

Im Laufe der letzten Jahre hat das Straßenleben in einigen Städten die denkbar gewaltigsten Umwälzungen erfahren. Der intelligente auswärtige Spaziergänger dürfte sofort erkennen, daß das Gesicht der Straßen sich wirklich zu seinem Vorteil verändert hat. Es ist dank der staunenswerten Vermehrung aller Verkehrsmittel interessanter und lehrreicher geworden als vorher. Das will natürlich viel sagen. Zumal man inzwischen auch unter der Erde bedeutende Strecken zurücklegen kann. Geräuschlos im Dunkeln sich fortzubewegen, das ist ein unvergeßlicher Eindruck. Natürlich passiert es täglich, daß ein unerfahrener Reisender zu spät oder zu früh die Untergrundbahn verläßt; ein Irrtum, den er häufig erst dann bemerkt, wenn er sich plötzlich im Nebel und Dampf einer fremden Gegend befindet, im tiefen Schmutz der unbeleuchteten Gänge unter der Erde. Aber das ist fast immer nur ein vorübergehender Zustand, eine schreckliche Erschwerung der Lage, die oft genug gut ausgeht. Entschädigt wird man recht bald; denn wie die Tunnelwände, an denen man vorbeifliegt, und auf die nicht das geringste Tageslicht fällt, sind auch die oberen Teile der Wagen ganz mit Plakaten bedeckt, mit deren Lektüre man sich die Zeit ohne Schwierigkeiten vertreiben kann. – Für schwächliche zarte Naturen ist eine häufige Benutzung der unterirdischen Bahnen wegen der schlechten Luft und des herrschenden Getöses oft mit den allerschlechtesten Folgen verbunden. Das ist auch der Grund für die zahlreichen Ohnmachten und Zusammenbrüche. Da man jedoch die bewußtlosen Menschen rasch hinwegschafft, stören sie weiter nicht. – Ich selbst, ein gesunder Mensch, der auch unter diesen Umständen die durchaus angenehmen unterirdischen Bewegungen schätzt und täglich eine Weile genießt, finde gewöhnlich in der Nähe des Kulturhistorischen Museums einen halbwegs bequemen Sitzplatz, auf dem ich mich mit Hilfe meiner Gedanken in eine andere Gegend versetze.

Unterleib

oder Bauch heißt der zwischen Brust und Becken gelegene mittlere Teil des Rumpfes. Er ist länglich rund, vorn gewölbt, hinten dagegen und an den Seiten etwas vertieft; seine Form ändert sich allerdings jeweils nach Körperstellung, Angefülltsein der Därme, Schwangerschaft undsoweiter. Sein vorderer

Teil, der Bauch im engeren Sinne, auf dessen Mitte der Nabel liegt, ist sehr beweglich und ausdehnbar, da er aus Weichteilen besteht. – Der Unterleib der Dame ist länger und runder als der des Herrn und tritt stärker hervor, der Nabel liegt tiefer und von der Schamgegend weiter entfernt. Der männliche Unterleib ist mehr birnenförmig, mit einer nach unten gerichteten Spitze.

Unterordnung

Die seit langem fast überall übliche Unterdrückung und Mißhandlung des weiblichen Körpers wird auch heute noch als eine ausschließlich der Roheit des Mannes entspringende Tatsache hingestellt. Diese Behauptung ist in letzter Zeit so oft wiederholt worden, daß wir es nicht vermeiden können, die besonders typischen Äußerungen eines Frauenfreundes anzuführen, dem in seiner Entrüstung über die Versklavung des Weibes die seelischen Zusammenhänge dieser Erscheinung völlig unklar geblieben sind. Groß-Hoffinger, der in seiner Abhandlung über das Schicksal der Frauen für die Verbesserung der Lage der Frauen eintritt, vermag sich nämlich ihre Herabwürdigung nur durch die Annahme zu erklären, daß die Männer, die das Weib einem so unbeschreiblichen Elend preisgeben, krank, verwildert oder geradezu wahnsinnig seien. Mag dieses leidenschaftlich geäußerte Mitgefühl auch von schöner Gesinnung zeugen, so muß einer solchen Auffassung dennoch entgegengehalten werden, daß sie nur eine Seite des Problems und auch diese nur ziemlich äußerlich in Betracht zieht. Die Unterjochung der Frau hätte ohne ihre eigentliche Veranlagung zur willenlosen Unterwürfigkeit, ohne ihre ganz außerordentliche Fähigkeit, sich den Gegebenheiten ganz widerstandslos anzupassen, niemals derartige Formen annehmen können, wie sie in den folgenden Abschnitten dargestellt werden sollen. – Beim Weib ist die willige Unterordnung unter den Mann eine physiologische Erscheinung. Ihr Unterwerfungsbedürfnis ist eine normale, lustvoll empfundene Erscheinung ihres Geschlechtslebens. Das bloße Bewußtsein, dem muskulösen Mann wehrlos ausgeliefert zu sein, vermag bei zahlreichen Frauen hochgeschlechtliche Gefühle auszulösen. Damit stimmen viele Äußerungen von Frauen überein, die als wertvolle Bestätigung unserer Auffassung dienen. – Lemm hält es deshalb mit Recht für zumindest sehr wahrscheinlich, daß ein derartiges Hingebungs- und Unterwerfungsbedürfnis bei sexuell sehr erregten Damen nichts anderes ist als die Steigerung dieser ohnehin vorhandenen Neigung. Kein Wunder also, wenn dem Mann bei solchen weiblichen Wünschen vielfach Gelegenheit geboten wird, Eigenschaften zu entwickeln, die sich gelegentlich zur wildesten Grausamkeit steigern.

Urknall

Die Erde, auf der wir stehen und gehen und die nach Wobsers Berechnungen etwa 4,5 Milliarden Jahre alt ist, interessiert uns an dieser Stelle nicht. Uns interessiert an dieser Stelle der Urknall, der, wie Wobser vermutet, vor etwa 13 Milliarden Jahren stattfand. Aber nicht einmal der Urknall interessiert uns an dieser Stelle, uns interessiert ein Fall in Köln, wo gestern morgen um acht ein fußballgroßer Klumpen vom Himmel fiel, durch das Dach eines Wohnhauses schlug und ein Loch in die Schlafzimmerdecke eines Justizbeamten riß. Dieser Justizbeamte stand, wie man liest, gerade vor seinem Haus und war mit der Beobachtung des Flugzeugs beschäftigt, das diesen Klumpen verloren hatte. Zur gleichen Zeit, also gegen 8 Uhr, schlug ein Unbekannter ein Loch in die Schaufensterscheibe eines Bekleidungsgeschäftes in Mainz und stahl eine Schaufensterpuppe. Aber nicht einmal das interessiert uns. In der Betzelstraße wurde die Puppe von ihm entkleidet und nackt in den Straßengraben geworfen. Die Folge war, daß sich zwei andere Männer zusammentaten und diesen Mann derart mit Schlägen traktierten, daß er Platzwunden und einen Nasenbeinbruch davontrug und im Grunde nur knapp einer noch gröberen Behandlung entkam. Das interessiert uns allerdings auch nicht, schon gar nicht in diesem Moment. Uns interessiert im Moment nichts weiter als das Klappern, jetzt, am Morgen gegen 8 Uhr, das Klappern, mit denen die Müllmänner mit dem Ausleeren der Mülltonnen beschäftigt sind. Das Klappern, das jetzt, 8 Uhr 10, noch immer zu hören ist, und zwar auf dem Kästrich, in der Mitte von Mainz. Das ist es, was uns in diesem Moment interessiert.

Verbrecherleben

Jedermann kennt den Löwenzahn, eine weitverbreitete Korbblütlerpflanze. Ihre Samen hängen an kleinen Federkronen. Wer würde es aber für möglich halten, daß ein Mörder durch einen einzigen dieser Samen überführt werden kann? Wir können versichern, daß es so ist. Der Täter gestand die Tat. Das Verbrecherleben wird durch die wirkungsvollen Methoden der Polizei ohnehin immer schwerer. So glaubte sich einmal ein Taubheit vortäuschender Täter ziemlich sicher, als er sich sprachlos stellte; er wurde gerade dadurch entlarvt und gestand die Tat. Die Verfolgung durch Hunde fürchten Gewohnheitsverbrecher im allgemeinen nur wenig; ein Mittel zur Überführung sind aber die Atemzüge des Täters, dem man zwischen vielen belanglosen Worten plötzlich etwas Belastendes ins Gesicht sagt. Viele und falsche Fingerabdrücke, die an den falschen Stellen gefunden werden, sind schon deshalb verdächtig, weil sie vom Täter nur aus Gründen der Täuschung angebracht wurden, während er lächelnd mit Handschuhen fortging; ohne jedoch an die Spuren seiner charakteristischen Gummisohlen zu denken. Er wurde entlarvt und gestand die Tat. Gefährlich wurde es auch, als ein Täter bei seinem Verbrechen in einen Apfel biß; selbst die Bewegungen sind entlarvend, ebenso angestochene Türen, geleerte Kisten, die man aus einem Teich zieht, verlorene Mützen, Knöpfe und Köpfe. Erkannt wird ein Täter oft an seiner Unkenntlichkeit. So war es im folgenden Fall, den ich nicht schildern werde. Es sei mir aber gestattet, noch ein paar Worte über den Mann zu verlieren, von dem ich in diesem Artikel berichten wollte und den ich Klomm genannt hätte. Man ergriff Klomm eines Tages, als er sich nach Amerika einschiffen wollte. Es wäre besser gewesen, man hätte ihn fahren lassen.

Verdauung

Das Bücken ist, wie wir wissen, eine sehr gute gymnastische Übung, obwohl es den meisten Menschen lästig fällt und mit Seufzen oder ärgerlichen Ausrufen ausgeführt wird. Wir können hier mit einem gewissen Recht sagen, daß das methodische Bücken die Tätigkeit der Verdauung befördert, die besonders nach dem Einfüllen großer Nahrungsmengen von Bedeutung ist.

Verfeinerung

Die Verfeinerung ist weder groß noch klein, weder dick noch dünn, weder stumpf noch spitz; man kann sie als zierlich bezeichnen. Ihr Besitzer hat Sinn für alles, was den Stempel des guten Geschmacks und der, wie der Name schon sagt, Verfeinerung trägt. Gedanken gewöhnlicher Art liegen ihm vollständig fern. Man findet diese Verfeinerung häufig bei Damen der besseren Gesellschaft, die von den Sorgen des Lebens nicht allzu heftig berührt worden sind und deshalb mit ihrer vornehmen Denkweise glänzen.

Vergeßlichkeit

Das allgemeinste Hilfsmittel gegen die Vergeßlichkeit ist die Erinnerungskunst; der Versuch, das Gedächtnis zu üben, damit man sich gehörig darauf verlassen kann und somit gar nicht erst auf den Gedanken kommt, etwas vergessen haben zu können. Man verweise den gefährlichsten Feind des Gedankens, den Leichtsinn, kräftig in die Schranken und richte die ganze Aufmerksamkeit auf den Gegenstand, den man nicht vergessen will. Man denke an nichts anderes als an diesen Gegenstand und vermeide alles, was einen schwächenden Einfluß auf das Gedächtnis haben kann: die Leidenschaften und Ausschweifungen aller Art, die bleiche dahinkränkelnde Unmäßigkeit, das madenhafte Herumliegen, überhaupt das Vergessen; man vermeide das Vergessen, bevor man etwas vergessen kann. Man nehme nichts mit, was man vergessen könnte, man merke sich nichts, was zu vergessen ist. Das ist es eigentlich, was ich unter Erinnerungskunst verstehe.

Verwüstungswut

Siehe: *Wasserhose*

Vulkane

Eines Tages legte ich den Bleistift fort und stützte den Kopf in die müde, den Dienst versagende rechte Hand. Mein Blick fiel auf das Papier und auf die vor meinem Fenster ausbrechenden Vulkane. Es war ein furchtbarer Anblick. Diese Behauptung ist zwar äußerst merkwürdig, aber sie wird sich leicht von einer größeren Zahl von Personen bestätigen lassen. Vulkane haben da, wo sie sich befinden, schon viel Unheil angerichtet. Sie gehören überhaupt, wenn sie Feuer speien, zu den furchtbarsten Naturerscheinungen. Glücklich ist der, welcher sich vor dem Ausbrechen eines solchen Schreckens noch weit genug entfernen kann.

V

Wangen, rote

Rote Wangen sind im allgemeinen ein Zeichen von Gesundheit. Das Volk geht jedoch auch hier oft zu weit und macht keinen Unterschied zwischen Ausdehnung und Stärke dieser Rötung. Ist diese nämlich nicht gleichmäßig verteilt, dann ist sie ein betrübliches Zeichen für vorhandene Zerstörungen. Mancher trägt diese Flecken achtlos auf seinen Wangen, gilt seiner Umgebung als kerngesund, weil man rote Wangen schätzt, und findet dann sein frühes Grab. Mögen ihm diese Zeilen als Warnung dienen.

Wasserhose

Ein Gebilde, das durch seine hervorragende Prachtentfaltung und Großartigkeit in die Reihe der glanzvollsten Naturerscheinungen des Weltalls gestellt werden muß, führt die Bezeichnung *Wasserhose*. Es handelt sich um emporgesaugte Flüssigkeitsmengen, um ein plötzliches gegenseitiges Zucken und Ineinanderfließen von unten nach oben und oben nach unten; um eine garbenförmig stehende Säule, die so heftig gegen die Wolkendecke stößt, daß diese platzt oder vielmehr sich auswölbt und den Schaft einen Augenblick ausbauchend weitet. Das ist eine schwache Beschreibung, doch sie erfüllt ihren Zweck.

Weh

Das Weh beginnt mit einem geriebenen W, das zwischen den oberen Schneidezähnen und der Unterlippe hindurchtreibt. Nach dem W kommt das E. Das E ist nach den Berichten des Pneumologen Wobser ein zwischen dem hellen I und dem vollen A in der Mitte liegender Ton, der dadurch entsteht, daß die Zunge, das Zungenbein und der Kehlkopf mäßig gehoben werden und der Luftstoß durch den auf diese Weise entstandenen Kanal hindurchstreicht und weich wie der Schnee hervorweht, womit wir uns im Moment begnügen würden, käme nicht noch am Ende das H: der Hauch, der nach den Ergebnissen Wobsers ein Kehlkopfgeräusch ist, das durch die Verengung der Stimmritze entsteht, das durch den offenstehenden Mund in die Welt hineinweht.

Welt

Denkende Leser werden sich gewiß die Frage stellen: wie kommt die Bewegung der Welt zustande: das Atmen der Welt, das Schaukeln und Drehen. Darauf wollen wir der Kürze halber nicht eingehen. Die Verwachsungen in dieser kleinsten und nettesten aller Welten, die schwieligen Verdickungen, die Entzündungen, die Schwellungen und Erschlaffungen sind ihre allernatürlichsten Zustände. Bevor ich schließe, sollte ich aber noch einmal auf das Aufplatzen der Weltrinde zurück-

102

kommen, auf die Ausbrüche aus dem Inneren, als deren Folgen wir vor dem Fenster hochbedeutende Felspartien und ganz gewaltige Berge erblicken. Bedenken wir also, daß die Zerstörung der gegenwärtigen Welt zu neuen bedeutenden Naturschönheiten führen wird, die spätere Menschen mit Genuß und Gesang betreten und auf Postkarten verschicken werden.

Weltuntergang

Nach dem Ausbleiben des von ihm vorausgesagten Weltunterganges hat sich ein Mann in München erschossen. Er hatte zunächst mit einigen anderen Männern die *Gesellschaft zum Weltuntergang* gegründet. Die Gesellschaft hat sich unmittelbar nach dem Ausbleiben des Weltuntergangs aufgelöst. Dieser Fall ist geeignet, meine Ansichten nicht nur vom Ende, sondern auch von der Beschleunigung maßgeblich zu bestätigen.

Weltverbesserung

So verschieden die Lebenskreise der menschlichen Gesellschaft sind, so verschieden sind auch die in diesem Punkt herrschenden Ansichten über die Verbesserung der Welt, von der wohl keiner sagen wird, daß sie nicht nötig sei. Es wird darum gut sein, wenn wir, einer gewissen Verallgemeinerung zuliebe, unsere Leser auf folgendes aufmerksam machen: die Kopfhaut wird wöchentlich einmal mit Eigelb eingerieben. Bei Halsschmerz bindet man sich einen Strumpf um den Hals. Um kalte Füße wickelt man Zeitungspapier. Ähnlich verfährt man auch mit dem Kopf, nur nimmt man anstelle des Strumpfes eine Mütze. Mitesser beseitigt man mit roten Rüben. Schnarchen vertreibt man, indem man den Schnarchenden leise am Kehlkopf berührt. Rasiermesser schneiden wesentlich besser, wenn man sie vorher in kochendes Wasser taucht. Klaviere soll man nicht in den Zug stellen. Ofenrohre werden mit Speck eingerieben. Würste platzen nicht. Äpfel vertrocknen nicht. Nüsse knacken nicht. Gläser zerspringen nicht. Wäsche gefriert nicht. Stühle stürzen nicht um. – Man mag vielleicht denken, daß solche Ratschläge nicht viel bedeuten. Man täuscht sich. Es ist tödliche Sorglosigkeit, sie nicht zu beachten; denn es gilt in der Welt, sich warm zu halten und Kaltes zu meiden, feuchte Wohnungen auf der Stelle zu verlassen, fort- und davonzulaufen, weg, in die Ferne: Gerade in solchen Fällen wird sich die Welt in ganz auffallender Weise verbessern. Und warum sollte es nicht so sein.

Wirklichkeit

Fünf bekannte und leider recht häufig auftretende Männer zeigt uns die nebenstehende Tafel. Die bildliche Darstellung darf als derart gelungen bezeichnet werden, daß der Vergleich mit der Wirklichkeit ganz zu ihren Gunsten ausgeht. Tatsächlich übertrifft sie die Wirklichkeit noch um ein gutes Stück. Verwechslungen mit anderen Männern sind natürlich nicht ausgeschlossen; daher raten wir, immer vorsichtig mit Behauptungen zu sein, die die fünf abgebildeten Männer betreffen. Beim ersten sehen wir einen kleinen Fleck am Bauch auftauchen und lesen sogleich unter Syphilis nach. Der zweite führt einen schillernden Ausschlag mit rotem Hof vor. Der dritte zeigt den erkrankten Rücken mit großen Beulen. Am vierten bemerken wir eine Zahl kleiner Blasen. Die am fünften Mann sichtbaren blauen Verfärbungen sind durch Blutaustritte entstanden und zurückzuführen auf die Schläge der ersten vier Männer, die sich zusammengetan haben, um den fünften Mann von der Bildfläche zu verdrängen. Das ist nicht verwunderlich; denn er war als einziger ursprünglich für diesen Artikel vorgesehen.

Wollust

Auf den Zusammenhang von Wollust und Mordlust haben schon viele Forscher hingewiesen. So erzählt Collunder von einem gewissen Grassi, der eines Nachts von einer starken geschlechtlichen Neigung zu seiner Tante ergriffen wurde. Durch ihren Widerstand aufgebracht, tötete er sie durch mehrere Messerstiche in den Unterleib, ebenso erstach er den Vater und den Bruder der Tante, die ihn von der Tötung abhalten wollten. Danach eilte Grassi zu einer Prostituierten, um in deren Armen seine Wollust zu stillen. Doch das genügte ihm nicht. Grassi erschlug noch seinen eigenen Vater und mehrere Ochsen im Stall, dann erst war er geschlechtlich befriedigt. Grassi habe, schreibt unser Kollege Collunder, bis dahin ein unauffälliges Leben geführt. Als Knabe habe er immer das Fleisch für den Mittagstisch holen müssen. Bevor er es der Mutter gab, habe er einen Schlitz hineingeschnitten und darauf das Fleisch besprungen. Es ist so ein dunkles Loch in mir, habe Grassi gesagt, da muß immer etwas hinein. Eines Tages verschluckte er eine Maus, er verschluckte Metallhaken, Sechskantmuttern, eine Flügelschraube, zwei Gürtelschnallen, zwei Reißverschlüsse, alles schlang er hinab, auch zwei Brillenbügel. Später hält er das Böse für einen großen schwarzen Vogel, der ihm durch den Mund in den Kopf fliegt. Wenn er allein ist, spitzt er die Lippen und bläst so lange, bis dieser Vogel wieder aus seinem Mund hinausgeflogen ist. Es gebe, sagt er, gute und böse Gegenstände. Die Berührung von bösen Gegenständen verursache ihm eine unbeschreibliche Lust. Bei der nachfolgenden Untersuchung entdeckte man in der Mundhöhle Grassis eine vierundvierzig Gramm schwere graue Maus, ihr Kopf verschloß den Kehlkopfeingang. Während der Nacht, wenn es die Umstände gestatten, liegt der Mann kalt und bewegungslos da. Die Glieder hängen ihm schwer herab, die Teilnahme für die Außenwelt verlischt. Dann aber tritt eine große Veränderung ein. Er drückt die Hände auf ein gewaltiges Anschwellen und schreit. Es ist ein schreckliches Schreien aus Lust und Entsetzen, er schreit und schreit, weil es nicht aufhört zu schwellen, und weil es immer noch schwillt, schreit er weiter. So hat es Collunder beschrieben, und wir nehmen die Schriften Collunders sehr ernst. Zumal Collunders Beschreibungen die einzigen sind, über die wir verfügen.

Wombat

Es ist noch nicht lange her, daß ein Mann in Paris mit Fug und Recht behaupten konnte, er zeige ein den Naturforschern noch unbekanntes Tier, das er aus den dichten Wäldern Australiens erhalten habe. Dieses rätselhafte Geschöpf, das eine Zeitlang die Welt beschäftigte, war ein Wombat, den man tatsächlich so gut wie gar nicht kannte. Noch wertvoller sind in diesem

Zusammenhang die Erfahrungen, die eine in den Kolonien aufgewachsene Dame gemacht hat. Sie hatte als Tochter eines Richters namens Grims Gelegenheit, zahlreiche Beobachtungen zu machen, die das gleiche Tier betrafen. Inzwischen ist die anfängliche Wichtigkeit der Angelegenheit wieder vergessen; so daß wir diesen nochmaligen Hinweis auf den Wombat als den besten Schluß des gesamten Kapitels betrachten können. Ich verdanke diesen Schluß übrigens meinem verehrten Freund Dr. Wobser, einer der kenntnisreichsten Personen meiner Umgebung, der die Güte hatte, mir in einer kurzen Zusammenfassung alles das mitzuteilen, was wir nun gemeinsam für den Schluß halten dürfen.

Wort, unvergeßliches

Daß man das unvergeßliche Wort nicht vergessen darf, hat schon Lemm erwähnt. Das Wort stillt schließlich nicht nur das Unterhaltungsbedürfnis, sondern wendet sich auch an die ernsthaften dauerhaften Regungen des Menschen. Beim *unvergeßlichen Wort* geht es um das Wort, das wir gern mehrmals hören, das uns entzückt, auf das es uns ankommt. Es ist das Wort, auf das wir hinauswollen, und zwar mit allen uns zur Verfügung stehenden Worten.

Wurst

Unter Wurst versteht man im allgemeinen ein Erzeugnis der Fleischerei, das trotz aller Verschiedenheiten die gemeinsame Eigenschaft hat, aus einem in dünne Därme gefüllten Gemisch von Fleisch, Fett, Blut, Leber und anderen Dingen zu bestehen. Neben den anderen Dingen wirken wahrscheinlich noch andere Dinge mit, über deren Bedeutung wir noch immer recht wenig wissen. Man sieht jedenfalls: es sind hier noch viele Rätsel zu lösen.

Z

Mit dem Z ist das beendet, was der Leser vom Leben und von der Bedeutung der Wirklichkeit wissen muß. Ich habe das Z mit Bedacht ausführlich bearbeitet; denn das Verständnis für das Z erleichtert das Verständnis für das Ganze. Und noch etwas hat mich dazu getrieben, die tiefe, ausführliche Bewunderung für diesen endgültigen Buchstaben, der mir in vielen einsamen Stunden vertraut wurde, niederzuschreiben. Das Z ist nicht nur das Z. Das Z ist ein gewaltiger schmerzhafter Gegenstand, ein Zahn, ein Zwang, eine Zange, das Z ist zunächst eine Zunge, ein Zettel, auf dem die Zahl Zehn steht, ein Zuber, in dem zitternd die Zofe sitzt, zwölf Züge aus einer Zigarre, ein Zopf, ein Zipfel, ein Zapfen, ein ziemlich zerstörtes Zimmer und ein zerfressener Zeh, zumindest ein Zwirn, eine Zelle, zwei Zeilen, ein Zerren, ein zuckender Zacken, ein wunderbares Zerfließen, ein zerplatzter vielmehr ein zart zergehender Zustand und zuletzt ein zusammengedrückter Zylinder. Das Z ist sehr schön. Deswegen drängt es mich, noch schönere Worte für das Z zu suchen, um auch die anderen Menschen etwas von dieser Liebe zu einem Gegenstand fühlen zu lassen, den der verehrungswürdige Doktor Z. aus Zornheim so treffend in seiner wahren Bedeutung erfaßte, als er sein Lebenswerk mit den Worten schloß: *undsoweiter.*

Zärtlichkeitstriebe

In vielen Kreisen, allerdings mehr in den städtischen, sind die meisten Menschen, besonders die weiblichen, soweit sie überhaupt Hunde lieben, in ihrem Zärtlichkeitsdrang ganz unbeherrscht. Die Anschauung, das kleine Tier sei ganz unschuldig und verstehe noch nicht, was mit ihm geschieht, läßt diese Damen ihre eigenen Zärtlichkeitstriebe am Tier befriedigen. Das ist eine Hauptursache für die vorzeitige geschlechtliche Erregung beim Hund. Unter den größeren Städten steht in dieser Hinsicht Berlin im übelsten Ruf, wird aber ohne Frage von London, Paris und New York weit übertroffen.

Zeit

Je unvollständiger die Zeit durch anregende Vorstellungen ausgefüllt wird, desto furchtbarer wird sie. Wir fühlen die Zeit, wie wir den Zahn fühlen, wenn er uns schmerzt. Durch die Zwischenräume des Lebens grinst uns die leere Zeit an. Wir können sie sehen, und je deutlicher wir sie sehen, umso dünner und länger erscheint sie uns. Das macht uns traurig. Wobser rechnet sie zu den Lebensverkürzungsmitteln; Lemm weist nach, daß vor allem die Nervenübel Folgen der Zeit und ihrer abscheulichen Länge sind. Die Zeit würde ohne Zweifel noch größeren Schaden anrichten, wenn nicht das Leben mit seinen Leiden und Schwierigkeiten dafür sorgte, daß sie uns nicht völlig ausfrißt. – Zum Glück gibt es drohende Gefahren, Unglücksfälle und Umzugsquerelen, sie wirken auf unsere von

Z

der Zeit erschlafften Lebensgeister wie die Riechsalze, die man den ohnmächtigen Damen unter die Nase hält. – Forscher und Denker leiden weniger an der Zeit. Ihr Vorrat an Vorstellungen ist so reich und vielfältig, daß sie sich folgenlos dem Gedankenspiel überlassen können. Sie empfinden die furchtbare Länge der Zeit erst dann, wenn sie gezwungen sind, einen Redner oder eine fade Musik anzuhören oder gar einer Dichterlesung beiwohnen zu müssen und dergleichen.

Zudecke

Die Frage, wie eine gute Zudecke beschaffen sein soll, ist wichtig, wird aber selten gestellt. Im Bett, heißt es allgemein, muß es so warm sein wie möglich; und tatsächlich gibt es ja viele Menschen, die eine außergewöhnliche Bettwärme zu ertragen imstande sind. Ihr Körper wird allerdings in der dichten Federumhüllung erhitzt und durchglüht und in seinen eigenen miasmatischen Ausdünstungsstoffen gekocht. Die Fähigkeit, überhaupt unter Federbetten schlafen zu können, ist allein schon der Beweis für eine gänzlich verweichlichte Haut. Aber wo in der Welt gibt es heutzutage, bei unseren ganzen erstickenden Zuständen, bei unserem keuchenden Welthusten und den ganzen sichtbar verschnupften Gesellschaftsverhältnissen überhaupt noch Gesundheit. Jedenfalls nicht im Bett. – Sämtliche Ausschweifungen im Bett sind den erhitzenden Eigenschaften der dicken Zudecken zuzuschreiben. Leider aber geht die Menschheit an derart wichtigen, ernsten und bedeutungsvollen Fragen des nächtlichen Lebens teilnahmslos vorüber und kümmert sich um alles andere mehr und eher, als um die Zudecke. Als unter der prächtigen, weichen und warmen Zudecke eines berühmten Bankiers in Frankfurt im vergangenen Winter Würmer hervorkrochen, konnten die Zudeckenlieferanten nur bestätigen, daß das bei allen mit Federn gefüllten Zudecken vorkommt. Es liegt also auf der Hand, daß die heutige Zudecke somit die Quelle sämtlicher Qualen ist, der Schlüssel für die Verwahrlosung der gemeinen Familienverhältnisse. Blutandrang zum Kopf und zum Unterleib sind nur die mildesten Folgen; scheußliche Träume, Mattigkeit und Verdrießlichkeit beim Erwachen, Magenschmerzen, Schlingbeschwerden, unangenehme Ereignisse, alle beschriebenen Kopfmißgestaltungen und eine Anzahl anderer, auffällig juckender Zustände, blasige Vorwölbungen in der Mitte, übermäßig geschwollene Schamlippen, Schlundschwund und plötzliche runde Öffnungen, eingebogene Glieder, rasches rasendes Zucken, Entzündungszustände, überhaupt eine Kette allertraurigster Lebenserscheinungen, Gewächse im Becken, fleischwasserähnliche Ausflüsse und eine riesige Welkheit der Darmenden, eine unwiderrufliche Verschlimmerung der Allgemeinerscheinungen: alles das sind ganz ohne Zweifel die Folgen der falschen Zudecken. Die Menschheit freilich will nichts davon wissen; sie deckt sich weiterhin zu, sie vergräbt sich unter den riesigen Federzudecken im Bett, wo sie den größten Teil ihres Lebens verbringt. Daß diese Menschen sich morgens überhaupt noch erheben können, ist schon ein Wunder. Jede weitere Bewegung eigentlich unbegreiflich. Der Zustand der ganzen geschwollenen Welt wird damit freilich erklärlich.

Zuneigungen

Wer einen Menschen schlafend auf der Straße liegend vorfindet, sollte nicht daraus schließen, daß das Gute nicht in ihm wohnt oder daß er unfähig sei, schöne Gedanken, Neigungen und Zuneigungen zu empfinden. Jedermann kann auf der Straße stürzen und einschlafen, und da die meisten Menschen nur einen schwachen Willen haben, geraten sie oft in diese Lage. Wer also liegt, muß eher bemitleidet als getadelt werden. In mancher Person ist das Gute nur verborgen, es schläft unter der Oberfläche, erwartet nur den richtigen Einfluß, um sich zu zeigen.

Zustimmung

Durch Ihren Applaus haben Sie schon zu erkennen gegeben, wie sehr der Artikel Ihr Wohlgefallen erregt und Ihr Interesse in Anspruch genommen hat. Ich darf also Ihren Gefühlen dadurch Ausdruck geben, daß ich dem Vortragenden im

Namen des Wirklichkeitsvereins meinen verbindlichsten Dank ausspreche. Ich bitte Sie nun, sich zum Zeichen Ihres Einverständnisses von den Plätzen zu erheben und noch einmal zu applaudieren. – In diesen Zusammenhang gehört der berühmte Ausspruch von Wobser: *Was ich nicht tun will, das lasse ich bleiben.* Das ist ein guter Satz. Und außerdem ein recht gutes Ende.

Zwischenräume

Alles um uns her, unsere Kleider, unsere Schuhe, unser Papier, unsere Worte und die aus Worten bestehende und mit den Bewegungen der Worte sich bewegende Welt, das Holz, der Erdboden, die Pflanzenleiber, selbst unser eigener Körper, ist voll von Zwischenräumen, in die das Wasser und jede andere Flüssigkeit eindringen kann. Wir können uns nun selbst eine Erklärung geben für die Durchfeuchtung unserer Kleider und Schuhe vom Regen und wissen von nun an, warum wir die Schuhe mit Schuhcrème überzogen haben, die Worte aber nicht.

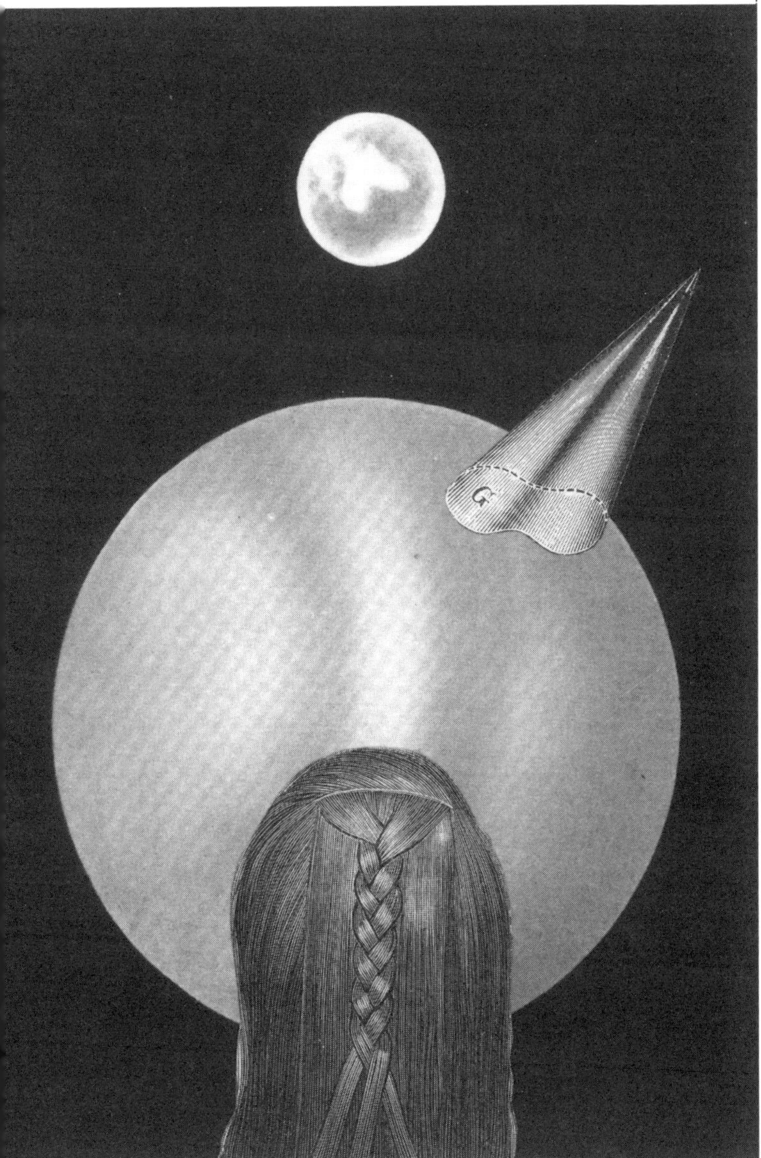
G

Nachwort

Wie mit Ratschlägern, Lexika oder Enzyklopädien umzugehen ist, weiß man hierzulande beinahe im Schlaf: man sucht einen Begriff, ein Stichwort, holt sich die Information oder den Rat oder findet gar nichts Befriedigendes – damit hat sich's. Vielleicht fällt einem aber dabei auch ein, mit welcher Faszination man als Kind oder Jugendlicher in entsprechenden Büchern geblättert und ganze Reisen im Kopf gemacht hat. Natürlich den Bildern nach, unbekleideten Körperteilen auf der Spur, aufklappbaren Bildtafeln, die unter der nackten Haut merkwürdige Innenansichten von Muskelsträngen oder der Verteilung von Organen offenbarten. Und natürlich den Wörtern nach, vor allem jenen prickelnden, die etwas mit dem Geschlecht, vor allem dem andern, mit Lust und vielversprechenden, geheimen Dingen zu tun hatten, die sich freilich in den dürren Erklärungen schnell wieder verloren. Da waren exotische Wörter und Welten am Ende bedeutend spannender, weil sie sich im Kopf mit den bereits vorhandenen Vorstellungen verbanden und das Geheimnis eher noch größer machten.

All das findet sich auch in Ror Wolfs Ratschlägern, wobei aber sein Wirklichkeitsforscher Raoul Tranchirer die Welt eher kunstvoll auf den Kopf stellt. »Nie bekommt der Leser ein Bein auf die Erde«, stellte Ludwig Harig schon früh fest, »immer wird ihm der Kopf zurechtgesetzt, aber auf Ror Wolfs vertrackte Weise«. Tranchieren heißt ja im Wortsinn, Fleisch in Scheiben zu schneiden oder auch mit Geschick zu zerlegen, und das mit kulinarischem Ziel. Und ähnlich verfährt Ror Wolf, wenn er die bürgerliche Sprachwelt in lexikalische Stücke aufteilt und – in seinen Collagen – auch deren Bilder zerschneidet und neu zusammensetzt.

Es sind die bourgeoisen Ängste des 19. Jahrhunderts, die Furcht vor der noch nicht restlos gebändigten Natur, die Vorstellung zum Beispiel, für immer in einer unergründlichen Felsspalte zu verschwinden oder von Mikroben der fürchterlichsten Sorte heimgesucht zu werden, die den »Wirklichkeitshygieniker« Raoul Tranchirer bewegen. Es sind aber auch Wissenschaftsgläubigkeit und ungebrochener Fortschrittswahn, die Verhaltensnormen und der Moralkodex aus den Konversationslexika jener Epoche, die in den einzelnen Stichwortartikeln zu einem grotesken Kosmos mutieren. Das kann dem Autor auf eine bisweilen düstere Art komisch geraten. Dabei »entwickelt sich ein leiser, zwischen der Vornehmheitsattitüde Loriots und der Sanftheit Kafkascher Grimassen dünstender Unfug, dessen Pointe und humoristischer Glanz wohl ebenso daher rührt, daß Wolf Wahnsinn und Ängste der Bourgeois ebenso vernichtend entlarvt – wie er beides ›affirmativ‹ gutheißt; ein wahrhaft diabolischer Trick« (so Eckhart Henscheid im Satiremagazin *Titanic*).

Aus dem Untergrund oder dem Körper selbst steigen Blasen, wulstige Formen oder schillernde Wucherungen auf, deren unheimliche Herkunft und drohende Wirkung auf unterdrückte Phantasien verweisen, die mit trivialen Anweisungen unter dem sich immer wieder hebenden Deckel gehalten werden.

Ror Wolf hat früh mit diesen Arbeiten begonnen: Fingerübungen dazu druckte die Frankfurter Studentenzeitung *Diskus* bereits 1961, das erste umfangreiche und mit vielen Bildcollagen des Autors versehene Buch dieses Genres erschien dann 1983: *Raoul Tranchirers vielseitiger großer Ratschläger für alle Fälle der Welt*. Bis zum Jahr 2002 sollten vier weitere Ratschläger folgen, die zusammen *Raoul Tranchirers Enzyklopädie für unerschrockene Leser* (so der Titel des fünften Bandes) bilden. Ob das Werk damit abgeschlossen ist, steht freilich in Frage: Als nächstes ist wieder ein neues Tranchirer-Buch angekündigt.

Kluge Literaturwissenschaftler und Kritiker haben in der Tranchirer-Enzyklopädie eine literarische Großcollage ausgemacht. »Als parodistische Enzyklopädie entlockt sie den braven Gesichtern der bürgerlichen Welt ihre Fratzen und Monstren, als poetische Enzyklopädie arbeitet sie, übervoll mit Worten, an der Konstruktion neuer Welten«, schreibt Andreas B. Kilcher. Und Hubert Spiegel zieht sogar einen Vergleich mit Arno Schmidt: »Wer das Ordnungssystem der Enzyklopädie, das die Unüberschaubarkeit der Welt zwischen zwei Buchdeckeln zu ordnen trachtet, ad absurdum führt, setzt die Wirklichkeit wieder in ihr Recht. Seit den Anfängen der modernen

Literatur heißt dieses Recht Heterogenität, Absurdität. (...) Diese Enzyklopädie kündet von Zettels Traum, aber auch von Zettels Wut und Verzweiflung. Trost bieten allein die Wörter.«

Für *Raoul Tranchirers Taschenkosmos* habe ich Stichworte aus vier Ratschlägern ausgewählt, was etwa so schwierig war wie der limitierte Griff in eine volle Kiste. Da ich aber früher bereits das Vergnügen hatte, all diese Bände zu edieren, und dabei auch in den enormen Arsenalen der Wolf'schen Bildcollagen schwelgen konnte, ging es mir vor allem darum, die erzählerische Vielfalt dieses großen Prosaisten zu vermitteln. Ich hoffe, daß die Übung gelungen ist. Dieses Buch steckt voller köstlicher Prosaminiaturen – Ror Wolf ist eben auch ein Meister der kleinen Form.

Es empfiehlt sich also, die Suche nach guten Ratschlägen gar nicht erst aufzunehmen, sondern einfach drauflos zu blättern und sich, fast wie in Kindheitstagen, durch einen bunten, surrealen Kosmos treiben zu lassen.

Günter Kämpf

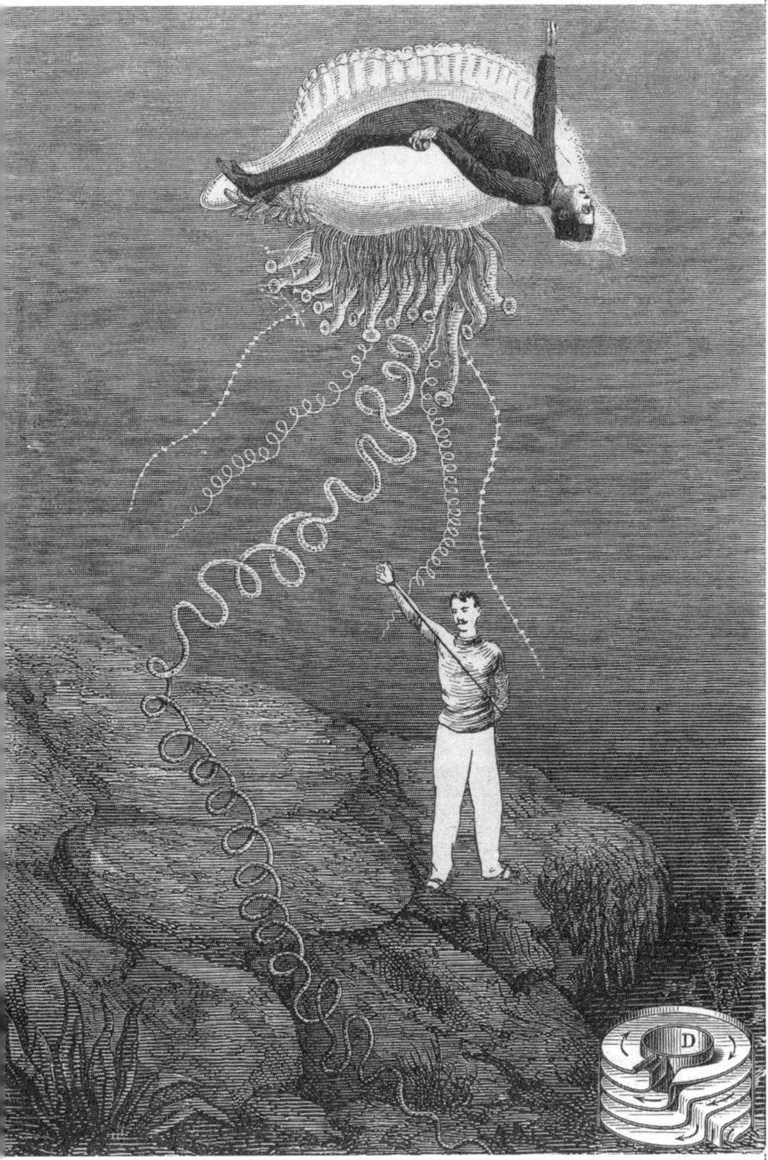
D

Register

A
A 5
Aal 5
Amerika 5
Angezogenheit 7
Ansichtskarte 7
Anziehen 8
Apfelschwindel, amerikanischer 8
Atmen 8
Aussehen 9
Autor 10

B
Bahnhofsvorstellungen 12
Beine, übergeschlagene 12
Bergstürze 13
Besteigungen 14
Betrachtungen 15
Bewegungsleben 15
Blutleben 16
Brille 16
Brunft 16

C
Carumbamba 18
Chinese 18

D
Damenbesuche 20
Damenschuhe 22
Denker 23
Dunst 23

E
E 24
Ebene 24
Ejakulation 24
Ekel 25
Enttäuschung 25
Erbsenpüree 25
Erde 25
Erdrosseln 26
Essen 27

F
Famili, mein 28
Familienphotographie 30
Ferne 30
Fettleibigkeit 31
Filzmalz 31
Finsternis 31
Flasche 33
Fliegenpflaster 33
Fröhlichkeit 34
Frohsinn, siehe: *Traurigkeit* 90
Fußgänger 34

G
Gagel 35
Geduld 35
Gegenstand 35
Gehör 36
Gerüche 36
Gewächshaus 36
Glanz 37
Graswachsen 38
Gurgeln 38

H
Halsband 40
Heimweh 40
Herz 42

Höchstgeschwindigkeit 42
Honigkukuk 43
Hülsenfrüchte 43

I
I 44
Inneres 44

K
Käsefälschung 47
Kartoffeln 49
Keule 49
Klavierstimmung 49
Kraftaufwand 50
Kugelschlucker 51
Kummer 51

L
Langsamkeit 52
Lebenszeit 53
Lesegeschwindigkeit 54
Liebesbewegungen 55
Links und rechts 55
Lippen 56
Loch 56
Loch, schwarzes 57

M
Mädchenschullehrer 58
Mann 58
Mann, dritter 60
Mensch 60
Mitternacht 61
Mops 61
Müllern 61
Mundhöhle 61

N
Nacht 63
Nachtmütze 64
Natur 64
Nervosität 65
Nichts 65
Noll 65
Nonnengeräusch 66

O
Ordnung
   siehe: *Unordnung* 91

P
Paarung 69
Papier 69
Pause 70
Pelzmäntel 70
Pferdefehler 70
Pfiff 71
Pilze 71
Poren 72
Prügelstuhl 72

R
Radfahrordnung 73
Ratlosigkeit 74
Ratte 74
Raum 76
Regen 77
Reibungslaute 77
Riesenschwalm 78
Roman 78
Rumpf 78

S
Schlafbewegungen 79
Schlundrohr 80
Schmelzen 80
Skatspiel 80

Sonntagsruhe 81
Spiegel 82
Sprache 82
Sterben 83
Striche 83
Stubenfliege 83
Suppenteller 85

Taschentücher 86
Tatsachen 87
Theorie 88
Töne 89
Torten 89
Traurigkeit,
    siehe: Frohsinn 34
Trunkenheit 90

Undurchdringlichkeit 91
Unordnung
    siehe: Ordnung 68
Untergrundbahn 92
Unterleib 92
Unterordnung 94
Urknall 95

V Verbrecherleben 96
Verdauung 97
Verfeinerung 97
Vergeßlichkeit 98
Verwüstungswut,
    siehe: Wasserhose 101
Vulkane 98

W Wangen, rote 100
Wasserhose 101
Weh 101
Welt 101
Weltuntergang 103
Weltverbesserung 103
Wirklichkeit 104
Wollust 104
Wombat 105
Wort, unvergeßliches 106
Wurst 106

Z Z 107
Zärtlichkeitstriebe 108
Zeit 108
Zudecke 110
Zuneigungen 111
Zustimmung 111
Zwischenräume 112

Diese Stichworte sind ausgewählt aus folgenden Publikationen:
  Ror Wolf, *Raoul Tranchirers Mitteilungen an Ratlose*
  Ror Wolf, *Tranchirers letzte Gedanken über die Vermehrung der Lust und des Schreckens*
  Ror Wolf, *Tranchirers Welt- und Wirklichkeitslehre aus dem Reich des Fleisches, der Erde, der Luft, des Wassers und der Gefühle*
  Ror Wolf, *Raoul Tranchirers Enzyklopädie für unerschrockene Leser & ihre überschaubaren Folgen 1983–2002*

Alle Anabas-Verlag, Frankfurt am Main

Raymond Queneau

Die blauen Blumen • Roman
Wer träumt hier wen? Sind der Herzog und Cidrolin Doppelgänger oder dieselbe Person? Oder ist das ganze Leben ein Traum? Wie gewohnt setzt sich der Sprachvirtuose Queneau über jede herkömmliche Logik hinweg und schreibt einen hinreißend amüsanten Roman über das Thema Identität.
Aus dem Französischen von Eugen Helmlé
WAT 423. 240 Seiten

Man ist immer zu gut zu den Frauen • Roman
Ein britisches Postfräulein und sieben Kämpfer der Irischen Republikanischen Armee sind in einem Postamt in Dublin zusammengeschlossen. Draußen tobt der Kampf. Da beginnt die junge Gertie, einen Rebellen nach dem andern zu verführen. Wilde Schießereien und Liebesszenen wechseln sich ab.
Aus dem Französischen von Eugen Helmlé
WAT 409. 144 Seiten

Sonntag des Lebens • Roman
Weil es mit vierzig schließlich Zeit wird, heiratet Julia kurzerhand den hübschen fünfundzwanzigjährigen Soldaten Brü. Ein skurriler Roman über möglichst Unmögliches.
»... von einem Meister der sezierenden Beobachtung, der scheinbar naiven Fragen und der oft bösen Schlußfolgerungen.«
　　　　　　　　　　　　Stephan Göritz, Radio France Internationale
Aus dem Französischen von Eugen Helmlé
WAT 458. 192 Seiten

Intimes Tagebuch der Sally Mara • Roman
Die intimen Aufzeichnungen der kurz vor ihrer Volljährigkeit stehenden Sally Mara – frei von unanständigen Gedanken, aber ständig in pikanten Situationen.
»Eine entzückende Schöpfung Raymond Queneaus, an der man sich dank der lockeren Übersetzung Eugen Helmlés auch in deutscher Sprache ergötzen kann.«
　　　　　　　　　　　　Jörg Drews, Süddeutsche Zeitung
Aus dem Französischen von Eugen Helmlé
WAT 394. 240 Seiten

Verrückte Weltsicht von der Antike ...

Horst Bredekamp • **Antikensehnsucht und Maschinenglauben** •
Die Geschichte der Kunstkammer und die Zukunft der Kunstgeschichte
Was hat die Bewunderung antiker Skulpturen mit der Faszination von
Maschinen zu tun?
»*Ein Buch, dessen Fortsetzung man gern bestellen möchte!*«
                                                    Petra Kipphoff, Die Zeit
WAT 361. 128 Seiten mit vielen Abbildungen

Natursehnsucht und Liebesleid • Romantische Gedichte
Ein Hand- und Lesebuch der romantischen Poesie und ein erhellender
Blick in die sozialgeschichtlichen Hintergründe ihrer Entstehungszeit.
»*Ein Band mit hervorragend ausgewählten Gedichten.*«   Franz Schuh, Die Zeit
Ausgewählt und vorgestellt von Lienhard Wawrzyn
WAT 453. 208 Seiten

Luis Buñuel • **Objekte der Begierde**
Die schönsten Träume, verrücktesten Geschichten und die seltsamsten
Briefe und Interviews, mit denen sich ein surrealistisches Genie Gehör
verschaffte.
»*Ein Buñuel-Lesebuch, unbedingt als Einführung zu empfehlen in die Gedankenwelt des Regisseurs und seine unbegrenzte Fähigkeit zur politischen Unkorrektheit.*«   Die Zeit
Herausgegeben von Heinrich von Berenberg
WAT 360. 192 Seiten mit vielen Photos

Luis Buñuel/Max Aub • **Die Erotik und andere Gespenster**
Groteske, obszöne, ausschweifende Gespräche mit dem großen Regisseur,
»ein Sack voller Ausschnitte, Erinnerungen, Witze, Geschehnisse, ausgeleert auf den Boden einer Epoche«.
»*Diese Nicht abreißenden Gespräche sind eine ergötzliche, doppelbödige, irrgartenähnlich be- und verstrickende Lektüre.*«
                                        Klaus Kreimeier, Frankfurter Rundschau
Aus dem Spanischen von Barbara Böhme
WAT 459. 192 Seiten

.. bis zur Gegenwart

Karnickelzirkus • Handbuch für das allgemeine Kaninchenwesen
In Nummer 500 (!) feiern ›Wagenbachs andere Taschenbücher‹ ihr Wappentier, das Kaninchen, vulgo das Karnickel. Überall verbreitet, volkstümlich, menschenfreundlich.
Mit zahlreichen Zeichnungen, insbesondere von Horst Rudolph, der allen Taschenbüchern ein Karnickel mit auf den Buch-Weg gegeben hat.
Zusammengestellt von Christiane Jessen und Kora Perle
WAT 500. 144 Seiten mit zahlreichen Abbildungen

Ermanno Cavazzoni • **Kurze Lebensläufe der Idioten** •
Kalendergeschichten
Endlich wieder lieferbar: das närrischste und heiterste Buch des emilianischen Erzählers.
»*Mit diesem Buch gehören auch wir Deutschen endlich zu denen, die Cavazzoni das Lachen lehrt.*« Der Spiegel
Aus dem Italienischen von Marianne Schneider
WAT 527. 144 Seiten

Stefano Benni • **Die Bar auf dem Meeresgrund** • Unterwassergeschichten
In einer Bar auf dem Meeresgrund treffen sich Geschichtenerzähler aus der ganzen Welt und spinnen ihr abenteuerliches Seemannsgarn.
»*Wie eine Wundertüte, ein großartiges Unterwasser-Decamerone.*« Brigitte
Aus dem Italienischen von Pieke Biermann
WAT 344. 208 Seiten

Stefano Benni • **Terra!** • Roman
Der Kultroman Terra! ist Krimi und Märchen, Fabel und Comic, Abenteuer und Science-Fiction-Roman, Fantasy und politische Satire in einem.
»*Ein brillantes Feuerwerk blitzgescheiter witziger Einfälle.*« Süddeutsche Zeitung
Aus dem Italienischen von Pieke Biermann
WAT 427. 432 Seiten

Boris Vian

»Vians absurde Geschichten sind noch heute purer Kult.«   Spot

Wir werden alle Fiesen killen • Ein amerikanischer Roman
Taxifahrer als Agenten, Ärzte als Mörder: ein souveränes Spiel mit dem Genre des klassischen Kriminalromans.
Aus dem Französischen von Eugen Helmlé
WAT 406. 192 Seiten

Herbst in Peking • Roman
Der exaltierteste Roman von Boris Vian: Die Geschichte einer Liebe und das Scheitern einer großen Spekulation.
Aus dem Französischen von Eugen Helmlé
WAT 519. 296 Seiten

Sprengt die Bank! • Satiren, Balladen, Projekte
Die berühmtesten Provokations- und Gelegenheitstexte Vians: Ein Blick in die heitere und gut ausgerüstete Werkstatt eines Feuerwerkers im Porzellanladen der Gesellschaft.
Aus dem Französischen von Eugen Helmlé, Klaus Völker u.a.
WAT 272. 128 Seiten

Der Deserteur • Chansons, Satiren und Erzählungen
Dieses Buch zeigt Vian von seiner störendsten Seite: mit Texten, die Militär, Nation und hergebrachte Sitten möglichst niedrig hängen.
Aus dem Französischen von Eugen Helmlé
Mit biographischem Portrait von Klaus Völker
WAT 400. 128 Seiten

Aufruhr in den Andennen • Roman
Der erste Roman Vians: Die abenteuerliche Suche nach dem sagenhaften Eumel. Wenig Andennen, aber viel Aufruhr.
Aus dem Französischen von Wolfgang Sebastian Baur
WAT 243. 96 Seiten

Wenn Sie mehr über den Verlag und seine Bücher wissen möchten, schreiben Sie uns eine Postkarte (mit Anschrift und ggf. e-mail). Wir verschicken immer im Herbst die *Zwiebel*, unseren Westentaschenalmanach mit Gesamtverzeichnis, Lesetexten aus den neuen Büchern und Photos. *Kostenlos!*

Verlag Klaus Wagenbach • Emser Straße 40/41 • 10719 Berlin
www.wagenbach.de